D1380773

Taschenbücher zur Musikwissenschaft

Herausgegeben von Richard Schaal

17

Heinrichshofen's Verlag

Wilhelmshaven

WOLFGANG MARGGRAF

Giacomo Puccini

Heinrichshofen's Verlag

Wilhelmshaven

MIT 79 ABBILDUNGEN UND 62 NOTENBEISPIELEN

CIP-Kurztitelaufnahme der Deutschen Bibliothek

Marggraf, Wolfgang:
Giacomo Puccini / Wolfgang Marggraf. — Wilhelmshaven: Heinrichshofen, 1979.
    (Taschenbücher zur Musikwissenschaft; 17)
    ISBN 3-7959-0269-X

©
Copyright 1979 by Heinrichshofen's Verlag
Wilhelmshaven, Hamburg, Locarno, Amsterdam
Originalausgabe:
Copyright 1977 by Verlag Philipp Reclam jun., Leipzig
Gesamtherstellung: Heinrichshofen's Druck, Wilhelmshaven
Printed in Germany
ISBN 3-7959-0269-X
Bestellnummer: 12/269

Puccini: Kunst oder verlogene Theatralik?

Weltruhm und Weltgeltung der italienischen Oper sind un-
lösbar mit den Namen Giuseppe Verdis und Giacomo Puccinis
verbunden. Beide, so verschieden als Menschen und Künstler
sie auch waren, beherrschen mit ihren Werken die Spielpläne
der Opernhäuser in aller Welt; ihre Opern bieten großen
Sängern glänzende Partien in Fülle, und die Gunst des breiten
Publikums ist ihnen allzeit gewiß. Dieser für einen Künstler
beglückenden Popularität steht freilich im Falle Puccinis eine
keineswegs einhellige Wertschätzung durch die Fachwelt gegenüber. Schon zu seinen Lebzeiten hat es nicht an kritischen
Stimmen gefehlt, die seiner Musik Konzessionen an den Pu-
blikumsgeschmack, Sentimentalität, ja sogar Verlogenheit
vorwarfen und in seinen Opern den Niedergang des italienischen Musiktheaters glaubten sehen zu müssen.[1] So schrieb
der Berliner Dramaturg Julius Kapp — und nur diese eine
Äußerung sei hier stellvertretend für viele zitiert — in seinem
während der zwanziger Jahre weit verbreiteten „Opernbuch",
Puccinis Musik sei ebenso wie seine ganz auf Äußerlichkeiten
gestellten Bücher „innerlich unwahr, indem sie mit den leicht-
beschwingten, gefälligen Mitteln der Operette große Tragödie
vorzutäuschen sucht. Ihr fehlt jeder innere Zusammenhang mit
der gestalteten Situation; sie bietet eine einschmeichelnde
Nebeneinanderstellung kleiner Bildchen, Stimmungen und
Begebenheiten, die am echtesten wirkt, wo es sich um heitere
Alltäglichkeiten handelt, süßlich und unwahr wird bei Ge-
fühlsausbrüchen und ganz verlogen-theatralisch sich gebärdet
bei dramatischen Höhepunkten, die eben einen zusammen-
fassenden Aufbau verlangen, zu dem Puccini nicht imstande
ist."[2]
Urteilen von solcher Schärfe wird man heute kaum noch
begegnen; vor allem dank der Bemühungen um ein realistisches
Musiktheater hat sich allmählich ein Wandel in der Beurteilung Puccinis vollzogen. Dem realistischen Musiktheater
Walter Felsensteins verpflichtete Regisseure haben zu den
wichtigsten Opern Puccinis detaillierte Werkkonzeptionen

vorgelegt und in vielbeachteten Inszenierungen erprobt. Dabei wurden die realistischen Züge dieser Kunst klar herausgearbeitet, so daß ihre Werte heute kaum noch bestritten werden können. Dennoch aber ist außerhalb des engen Kreises der Theaterfachleute Puccinis Musik immer noch etwas vom Odium des nicht ganz Ernstzunehmenden und allzu Konzessionsbereiten geblieben. Deutlichstes Zeichen dafür ist das Desinteresse, das die Musikwissenschaft Puccinis Werk gegenüber bisher gezeigt hat: Die Dissertationen, die ihm gewidmet sind, lassen sich an den Fingern einer Hand herzählen, und auch die große, umfassende Biographie steht, zumindest in deutscher Sprache, noch aus.[3] Sie hätte vor allem zu zeigen, wie Puccinis Kunst aus seiner Zeit herauswächst, wie sich die Widersprüche der Welt, in der er lebte, in ihr spiegeln und welche künstlerischen Einflüsse in ihr verarbeitet sind.

Damit ist zugleich das Ziel umrissen, das sich dieses Büchlein — wenn auch in bescheidenem Rahmen — setzt. Es möchte sich bei der Besprechung und Beurteilung der Opern Puccinis freizuhalten suchen von blinder Schwärmerei ebenso wie von überheblicher Beckmesserei, es möchte vielmehr den Triebkräften dieser Kunst nachspüren und so einen Beitrag zu einem neuen, sachlichen, von den Übertreibungen der Freunde wie von den Herabsetzungen der Feinde gleichermaßen gereinigten Puccini-Bild leisten.

Giacomo Puccini entstammte einer Familie, in der seit mehr als hundert Jahren der Musikerberuf Tradition war. Vier Generationen hindurch waren seine Vorfahren tüchtige Komponisten und Kapellmeister. Seit 1740 Giacomo Puccini nach dem Studium bei dem berühmten Padre Martini in Bologna als Organist und Kapellmeister an die Kirche San Martino in Lucca berufen worden war, bestimmte die Familie das Musikleben dieser Stadt. Giacomo Puccini hat ein außerordentlich umfangreiches kompositorisches Werk hinterlassen, das Kirchenkompositionen im streng-kontrapunktischen Stil ebenso umfaßt wie eine Reihe erfolgreicher Opern spätbarocker Prägung. Als er 1781 starb, übernahm sein Sohn Antonio das Kapellmeisteramt in Lucca. Wie sein Vater hatte auch er in Bologna studiert und war 1771 sogar zum Mitglied der dortigen Accademia dei Filarmonici ernannt worden — eine hohe Auszeichnung, die von der Erfüllung einiger schwieriger kontrapunktischer Aufgaben abhing und kurz vorher auch dem jungen Mozart zuteil geworden war. Als Komponist — er schuf Opern und Kirchenmusik — war Antonio Puccini ein typischer Vertreter des „galanten Stils".

Sein 1771 geborener Sohn Domenico — Giacomo Puccinis Großvater — war das erste Mitglied der Familie, dessen Ruf über die Grenzen seiner Vaterstadt hinausdrang. Auch er studierte in Bologna und wurde Mitglied der Accademia, nahm anschließend noch Unterricht bei dem Opernkomponisten Giovanni Paisiello in Neapel und kehrte dann 1805 als Dirigent des Hoforchesters der Prinzessin Elisa nach Lucca zurück. Später wirkte er als Organist an der Kathedrale. Wie sein Vater und Großvater schuf auch er neben Kirchenmusikwerken mehrere Opern; außerdem Klavier- und Kammermusik und, einer Zeitmode folgend, zahlreiche Romanzen mit Gitarrenbegleitung. Domenico Puccini scheint ein liberal denkender, den Ideen der Französischen Revolution verbundener Mann gewesen zu sein. Darauf deutet einmal hin, daß er 1793 zusammen mit seinem Vater eine Spartakus-Oper schuf,

7

Der Urahn
Giacomo Puccini
(1712—1781)

zum anderen aber auch der Umstand, daß bald nach seinem
frühen Tode im Jahre 1815 das Gerücht umlief, er sei von
politischen Gegnern vergiftet worden. Ob dies der Wahrheit
entsprach, ist bis heute unaufgeklärt geblieben.

Domenico Puccini hinterließ drei Kinder, deren jüngstes,
Michele, am 27. November 1813 geboren worden war. Nach
dem Tode des Vaters nahm sich der Großvater seiner musikalischen Ausbildung an, die traditionsgemäß mit dem Studium
in Bologna abgeschlossen wurde. Nachdem er noch einige Zeit
in Neapel bei Gaëtano Donizetti und Saverio Mercadante
Unterricht genommen hatte, wurde Michele Puccini 1830
Organist in Lucca, 1843 daneben Professor am Musikinstitut
der Stadt, dessen Leitung er 1852 übernahm. Zehn Jahre später
ehrte ihn die Stadt Lucca durch die Ernennung zum Ge-
neralmusikdirektor. Michele Puccini hat sich wie alle seine
Vorfahren im Bereich der Kirchenmusik als tüchtiger Kontrapunktiker bewährt, aber auch mehrere Opern geschaffen.
Besonders mit „Giambattista Cattani" gelang ihm 1844 ein
Werk, das auch über Lucca hinaus bekannt wurde.

Der Vater,
Michele Puccini

So schien es für die Freunde der Familie Puccini fast selbstverständlich zu sein, daß auch Giacomo, der als drittjüngstes
von sieben Kindern am 22. Dezember 1858 zur Welt kam, den
Musikerberuf ergreifen würde. Von einer ungewöhnlich früh-
zeitig hervortretenden musikalischen Begabung kann jedoch
nicht die Rede sein. Nach den spärlichen Berichten, die wir
aus Puccinis Kindheit haben, scheint er vielmehr ein in sich
gekehrtes, verträumtes und träges Kind gewesen zu sein, das
keineswegs in irgendeiner Weise auffiel. Dennoch galt es, als
Michele Puccini im Februar 1864 plötzlich starb, in Lucca als
sicher, daß der damals sechsjährige Giacomo später sein
Nachfolger im Kirchenamt werden würde. Es mutet fast
kurios an, wenn man in dem Dekret, mit dem Fortunatus
Magi, ein Bruder von Puccinis Mutter und früherer Schüler
Micheles, zum Organisten bestellt wurde, die ausdrückliche
Bestimmung liest, Magi habe dann von diesem Posten zurück-
zutreten, wenn Giacomo in der Lage wäre, ihn auszufüllen.
Dieser Onkel Fortunatus Magi war es auch, der sich der
frühesten musikalischen Ausbildung des Jungen annahm. Er

9

suchte vor allem seine zarte Altstimme auszubilden und unter-
wies ihn auf der Orgel. Daß er dabei recht unpädagogisch
vorging, dürfte der Hauptgrund für die geringen Fortschritte
gewesen sein, die Giacomo machte. Als Magi schließlich die
Lust verlor, fand der junge Puccini einen weit geschickteren
und verständnisvolleren Lehrer in dem am Musikinstitut
Pacini wirkenden Carlo Angeloni, einem früheren Schüler
seines Vaters. Seine Unterweisung zeitigte nach kurzer Zeit
recht gute Resultate.

Daß die musikalische Ausbildung des jungen Puccini überhaupt so zielstrebig betrieben wurde, ist in erster Linie das

Das Geburts-
haus in Lucca

San Michele
in Lucca

Verdienst seiner Mutter gewesen. Albina Puccini-Magi war eine tüchtige, tatkräftige Frau, die sich um das Wohl ihrer sieben Kinder unermüdlich sorgte und ihrem besonderen Liebling Giacomo nicht nur eine fundierte musikalische, sondern auch eine gute Allgemeinbildung zu geben suchte. Erleichtert wurden ihr die finanziellen Aufwendungen für diesen Unterricht durch die Hilfe ihres Onkels Dr. Niccolo Cerù, der als Arzt in Lucca lebte.

Seit seinem zehnten Lebensjahr sang Giacomo Puccini als Chorknabe an San Martino und San Michele, und mit vierzehn Jahren konnte er das Organistenamt in Lucca und verschiedenen benachbarten Dörfern versehen. Auch als Tanzmusiker soll er in diesen Jahren in Luccaer Schenken aufgespielt und sich so einen Teil seines Lebensunterhaltes selbst verdient haben.

Der Akzent der Ausbildung im Musikinstitut Pacini lag auf der Kirchenmusik; Carlo Angeloni legte insbesondere Wert auf gründliche kontrapunktische Schulung. Neben einigen Orgelkompositionen improvisatorischen Charakters aus der Zeit um 1874 sind darum Kirchenmusikwerke die ersten erhaltenen Schöpfungen des späteren Großmeisters der Oper. Als 1878 in der Kirche San Paolino ein Konzert mit Arbeiten von Schülern des Musikinstituts veranstaltet wurde, war von Puccini eine Motette und ein *Credo* zu hören. Dem Berichte einer Luccaer Zeitung nach zu urteilen, war der Beifall, den das *Credo* fand, außerordentlich groß. Das mochte den jungen Komponisten veranlaßt haben, den Satz später, im Jahre 1880, zu einer vollständigen Messe zu ergänzen. Sie ist erhalten und zeigt sich weitgehend vom Vorbild der damals stark von weltlicher Musik beeinflußten italienischen Kirchenmusik abhängig; der junge Puccini strebt eine gefällige, betont melodische Tonsprache an und fällt manchmal, unter dem Einfluß Bellinischer und Gounodscher Opernmelodik, in jenen zarten und weichen Lyrismus, der später, persönlicher gefärbt, einer der wichtigsten Ausdrucksbereiche seiner Kunst wurde. Der Anfang des *Gratias agimus* ist ein bezeichnendes Beispiel:

Es ist interessant, daß Puccini in seinem Opernschaffen auf diese *As-Dur-Messe* gelegentlich zurückgegriffen hat: Die Kirchenmusik des ersten Finales aus *Tosca* macht deutlich Anleihen beim *Gloria*, und das Madrigal im zweiten Akt von *Manon Lescaut* stimmt fast Ton für Ton mit dem Anfang des *Agnus Dei* überein, das Puccini merkwürdigerweise ohne einleuchtende Gründe *Madrigal* überschrieben hatte.
Auch ein reines Orchesterwerk ist aus dieser Zeit des frühesten Studiums erhalten: ein *Preludio*, dessen Partitur im August 1876 fertiggestellt wurde. In ihm zeigt sich vor allem eine

bemerkenswerte Sicherheit in der Behandlung des Orchesters. Als Instrumentationsstudie war die Arbeit wohl auch vor allem gedacht.

So schien für den jungen Komponisten das Ziel deutlich abgesteckt: die Tätigkeit als Kirchenmusiker in jenem Lucca, dessen Musikleben seine Familie über so viele Jahrzehnte hin geprägt hatte, in provinzieller Beschränkung. Es bedurfte eines einschneidenden Erlebnisses, um ihn auf jene Bahn zu lenken, die ihn zu weltweitem Ruhm führen sollte. Dieses Erlebnis, von entscheidender Bedeutung für seine weitere Entwicklung, war die Begegnung mit Verdis „Aida" im Theater zu Pisa. Zu Fuß wanderte Puccini 1876 mit einigen Freunden mehrmals die rund zwanzig Kilometer zwischen Lucca und Pisa hin und her, um das Werk des großen, in ganz Italien hoch verehrten

San Martino
in Lucca

13

Meistèrs von St. Agata zu hören. Man kann sich leicht vorstellen, wie aufwühlend die Aufführung für den jungen,
sensiblen und allen Eindrücken gegenüber empfänglichen
Musiker gewesen sein muß. Jetzt sah er plötzlich den Weg
deutlich vor sich, den er gehen mußte: den Weg zum musikalischen Theater.
Freilich wurde ihm wohl aber gleichzeitig auch bewußt, daß
dieser Weg zunächst, bis zum ersten durchschlagenden Erfolg,
mühsam und entbehrungsreich sein würde, und, vor allem, daß
dafür noch vieles zu lernen war, was ihm in Lucca niemand
vermitteln konnte. Die italienische Opernpraxis aber in ihrer
ganzen Breite kennenzulernen und zu studieren, dazu war kein
Ort geeigneter als Mailand. Diese Stadt, das politische, wirtschaftliche und geistige Zentrum Oberitaliens, beherbergte
nicht nur das bedeutendste Operntheater Italiens, die Scala,
sondern auch ein nicht weniger berühmtes Konservatorium.
Hier konnte das Studium in lebendigster Weise ergänzt werden
durch das Erlebnis der damaligen italienischen Opernproduk-
tion in glänzenden Aufführungen. Es ist deshalb ganz verständlich, daß sich der Blick des jungen Puccini nun auf
Mailand richtete. Dennoch sollten noch vier Jahre vergehen,
ehe seine Pläne Wirklichkeit wurden. Der Wunsch, in Mailand
zu studieren und damit der provinziellen Enge Luccas zu
entgehen, wurde sicher noch verstärkt, als ihm 1877 die Hymne
I Figli d'Italia bella (Die Kinder des schönen Italiens), die
er bei einem musikalischen Wettbewerb anläßlich der Eröffnung einer Kunstausstellung in Lucca eingereicht hatte,
von der Jury mit der Bemerkung zurückgegeben wurde, er solle
sich intensiver kompositorischen Studien widmen und außerdem auf eine leserliche Handschrift bedacht sein.
Aber ein Studium in Mailand kostete Geld, und die Mutter
war allein nicht in der Lage, es aufzubringen. Durch Vermittlung einer Bekannten, der Gräfin Pallavicini, erreichte
sie, daß die Königin Margherita zunächst für ein Jahr ein
Stipendium von monatlich 100 Lire gewährte, eine Summe, die
Puccini zwar zu einem sehr entbehrungsreichen Leben zwang,
aber doch wenigstens das Studium ermöglichte. Für die zwei
folgenden Jahre des Studiums stellte Onkel Cerù das Geld
bereit. So siedelte Puccini 1880, nachdem er die Aufnahme-
prüfung am Konservatorium glänzend bestanden hatte, nach
Mailand über, froh der neugewonnenen Freiheit und gie-

Der achtzehnjährige Puccini

rig die vielfältigen Eindrücke aufnehmend, die diese Stadt ihm bot. Er hauste in einem überaus dürftigen Zimmer, vom zweiten Jahr an gemeinsam mit seinem jüngeren Bruder Michele und einem Vetter. Hier hat er die bittere Armut und Not, aber auch die fröhliche Ungebundenheit und Freundschaft der Boheme selbst erlebt, die er später in seiner Oper so realistisch schilderte. Oft fehlte es am nötigsten: *Ich esse elend*, heißt es in einem Brief an die Mutter, *aber ich fülle mir den Magen mit Suppe, dünner Brühe und ähnlichem.* Nicht so leicht wie der leibliche war der Hunger nach dem Theater zu stillen; das Eintrittsgeld für die Scala mußte buchstäblich vom Munde abgespart werden. So klagt er der Mutter in demselben Brief: *Heute geben „Mignon" und „Simone Boccanegra" von Verdi umgearbeitet in Szene. Die numerierten Sitze kosten 50 Lire und sind schon alle vergriffen. Wie reich ist doch Mailand! Gestern fuhr ich nach Monza mit der Straßenbahn ... Das Abonnement für die Scala kostet für Karneval und Fastenzeit 130 Lire. Was doch das Geld bedeutet! Verwünschte Armut! Ohne Überlegung ging ich mir kürzlich „Carmen" anhören. Wirklich eine wunderbare Oper. Welcher Zudrang! ...*[4] Man darf wohl annehmen, daß Puccini trotz seiner ständigen Geldsorgen die wichtigsten der damals in der Scala aufgeführten Opern gehört hat.

Am Konservatorium studierte er fleißig, wenn auch sein Interesse weit mehr der freien Komposition als den theoretischen Fächern galt. Seine Lehrer waren der wenige Jahre zuvor mit „La Gioconda" berühmt gewordene Opernkomponist Amilcare Ponchielli und Antonio Bazzini, seit 1882 Direktor des Konservatoriums, der als Violinvirtuose viele europäische Länder bereist und einige Zeit in Leipzig studiert hatte: Ein guter Kenner der deutschen Musik, deren Kenntnis er seinen Schülern vermittelte. In seinem Unterricht legte er vor allem Wert auf solides handwerkliches Können. Obwohl Puccini für Bazzini größte Hochachtung hatte, fühlte er sich doch mehr zu Ponchielli hingezogen, der wahrscheinlich früh das dramatische Talent seines Schülers erkannte und förderte. Aus dem Verhältnis des Schülers zum Lehrer wurde bald eine Freundschaft. Wie Ponchielli seinen Schüler beurteilte, wird aus einem erst kürzlich bekannt gewordenen Brief an Puccinis Mutter aus dem Jahre 1883 deutlich: „Ihr Sohn ist einer der besten Schüler meiner Klasse, und ich bin mit ihm sehr zufrieden. Allerdings würde ich noch zufriedener sein, wenn er sich seiner Arbeit mit etwas mehr Ausdauer widmen würde, denn wenn er will, kann er das sehr gut. Es wäre nötig, daß er sich neben der Arbeit, die er für meine Klasse zu tun hat, selbständig mit seiner Kunst beschäftigte, indem er die großen Meister studierte und so viel als möglich komponierte."[5] Aus dieser Äußerung des erfahre-

Pietro Mascagni

nen Lehrers wird klar, daß Ponchielli nicht nur Puccinis große Begabung erkannte, sondern auch die Gefahren sah, die sich aus einer gewissen Sorglosigkeit und Unbeständigkeit ergaben. Man gewinnt das Bild eines hochtalentierten jungen Mannes, dem die meisten Dinge seiner Kunst ohne große Anstrengung zufielen, der aber Mühe hatte, sich das zu erarbeiten, was er nicht im ersten Ansturm zu bewältigen vermochte.

Freundschaft schloß Puccini während seiner Mailänder Studentenzeit mit dem um fünf Jahre jüngeren Pietro Mascagni, der freilich nur etwa ein Jahr am Konservatorium aushielt und sich dann als Dirigent wandernder Operntruppen schlecht und recht durchschlug, bis ihm 1890 mit „Cavalleria rusticana" der einzige Welterfolg seines Lebens gelang. Auch zu dem vier Jahre älteren Alfredo Catalani, der ebenfalls aus Lucca stammte und als eine der hoffnungsvollsten Begabungen der jungen italienischen Oper galt, hatte Puccini ein gutes Verhältnis, das sich erst trübte, als der Erfolg seiner frühen Opern den Catalanis zu überschatten begann und auch der Verleger Ricordi sich mehr der Förderung des Jüngeren zuwandte.[6]

Mit dem Jahre 1883 war Puccinis Studium am Mailänder Konservatorium abgeschlossen. Einige der während der Studienzeit unter Aufsicht seiner Lehrer entstandenen Kompositionen sind erhalten. Sie zeigen bei aller noch spürbaren Abhängigkeit von Vorbildern doch deutlich das Bemühen, zu einem eigenen Stil und zu persönlicher Aussage zu gelangen. Bemerkenswert ist in diesem Zusammenhang vor allem das *Capriccio sinfonico*, das Puccini 1883 zusammen mit zwei Fugen und einer Romanze als Prüfungsarbeit vorlegte und das am 14. Juli 1883 in einem Konzert des Konservatoriums in der Scala unter Leitung des berühmten Dirigenten Franco Faccio aufgeführt wurde. Das Werk ist dreiteilig angelegt: Zwei knappe langsame Sätze umrahmen einen scherzoartigen Mittelteil, dessen Thema mit dem Anfang der *Bohème* notengetreu übereinstimmt, das sich aber auch schon auf einem noch aus der Luccaer Zeit stammenden Skizzenblatt findet. Übrigens sind auch in die Trauermusik der Oper *Edgar* einige Gedanken des *Capriccio* eingegangen. Der langsame Einleitungssatz läßt mit seinen ,,schmachtenden" Vorhalten Puccinis charakteristischen späteren Stil besonders deutlich vorausahnen.

Insgesamt bleibt in diesem Werk die sinfonische Durcharbeitung merkbar hinter der Fülle der Einfälle zurück. Dies und die Verwendung von Themen in späteren Opern mochten die Gründe gewesen sein, weshalb Puccini das Werk weder drucken noch wieder aufführen ließ. Lediglich eine vierhändige Klavierbearbeitung ist im Mailänder Musikverlag Lucca erschienen.

Erhalten sind aus Puccinis Studienzeit ferner ein *Preludio sinfonico* und ein *Adagietto für Orchester*. Auch diese Arbeiten zeigen bereits eine auffällige Sicherheit in der Behandlung des Orchesters.

Der Weg zur Oper

Die Orchesterkompositionen, die Puccini während seiner Mailänder Studienzeit schrieb, sind seine einzigen geblieben. Er hat sie wohl damals schon nur als Vorstudien angesehen, als Vorbereitung auf die Oper, jenes Ziel, das ihm als jungem italienischem Musiker geradezu zwangsläufig vor Augen stand. Seitdem um die Mitte des 18. Jahrhunderts die große Tradition des italienischen Instrumentalkonzertes, deren glanzvolle Höhepunkte die Werke Arcangelo Corellis und Antonio Vivaldis bildeten, allmählich ausklang und sich mit der aufkommenden klassischen Epoche das Zentrum der Instrumentalmusikpflege in die Länder nördlich der Alpen verlagerte, hatte Italien nur noch auf dem Gebiet der Oper an der europäischen Musikentwicklung teil, hier allerdings noch immer in bestimmender Weise. Auch im 19. Jahrhundert war Italien das Land der Oper schlechthin, dessen Komponisten mit ihrem Schaffen weit über die Grenzen ihrer Heimat hinaus wirkten. Hatte zu Beginn dieses Jahrhunderts, während der Restaurationszeit, Gioacchino Rossini ganz Europa mit der federnden Eleganz seiner Melodik in einen förmlichen Rausch der Entzückung versetzt, so war seit der Jahrhundertmitte Giuseppe Verdi nach einem entbehrungsreichen, aber beharrlichen Aufstieg zum bedeutendsten Repräsentanten der italienischen Oper geworden, indem er diese bewußt und leidenschaftlich in den Dienst der großen italienischen Freiheitsbewegung, des Risorgimento, stellte und zugleich durch psychologische Vertiefung ebenso wie durch das Aufgreifen sozialer Probleme und daraus erwachsender tiefer menschlicher Konflikte zu einem Realismus vorstieß, der der italienischen Oper erneut weltweite Wirkung sicherte. Der Auftrag, 1870 die Festoper zur Eröffnung des Suezkanals zu schreiben, war für Verdi nicht nur eine große persönliche Ehrung, sondern wurde von ihm und vielen Italienern verstanden als eindrucksvoller Beweis für die noch immer ungebrochene Weltgeltung der italienischen Oper.

An diese große Tradition anzuknüpfen und sie weiterzuführen

Giuseppe Verdi

—das war mithin die nächstliegende Aufgabe eines italienischen Komponisten. So wird es verständlich, daß sich auch Puccini nach Beendigung seines Studiums sofort der Oper zuwandte. Den äußeren Anstoß dazu gab ein Preisausschreiben, das der eben gegründete Mailänder Musikverlag Edoardo Sonzogno, dessen Besitzer zugleich Herausgeber der einflußreichen Zeitung „Il Secolo" und Impressario des „Teatro lirico" war, 1883 erstmals veranstaltete. Amilcare Ponchielli riet seinem Schüler nicht nur dringend, sich daran zu beteiligen, sondern er nutzte auch seinen Einfluß und seine Erfahrung, einen geeigneten Textdichter zu finden. Die Wahl fiel auf Ferdinando Fontana. In der Künstlerpension „Il Barco", die der berühmt gewordene Textdichter von Verdis „Aida", Antonio Ghislanzoni, in Caprino Bergamasco nahe Mailand eröffnet hatte, arrangierte

Ponchielli die erste Begegnung zwischen Dichter und Komponist. Nachdem es gelungen war, Fontanas übertrieben hohe Honoraransprüche auf ein erträgliches Maß herabzudrücken, schlug er dem jungen Komponisten ein recht abwegiges Sujet mit dem Titel *I Vili* (Die Willis) vor, das im Schwarzwald spielte und alle Attribute verstiegener Schauerromantik in sich vereinigte. Wir wissen nicht, was Puccini bewog, sich mit diesem auch dichterisch äußerst schwachen und spannungslosen Buch zufriedenzugeben; wahrscheinlich war es einfach seine mangelnde Erfahrung, die ihn die Schwächen übersehen ließ. In einem Brief an die Mutter, geschrieben im August 1883, heißt es: ... *Fontana hat mir, fast bestimmt, ein Textbuch zugesagt. Er versichert mir sogar, meine Musik gefiele ihm. Ponchielli hat sich dann auch ins Zeug gelegt und mich warm empfohlen. Es würde sich um ein gutes Sujet handeln, das schon für einen anderen bestimmt war, das Fontana aber mit Vergnügen statt dessen mir geben würde, um so eher, als es mir wirklich sehr gefällt, weil darin ziemlich viel mit sinfonischer Malerei zu machen wäre, die mir zusagt. Deshalb scheint es, das müßte mir gelingen...*[7]

Anfang September reiste Puccini mit dem Libretto zur Mutter nach Lucca und stürzte sich mit Feuereifer in die Arbeit. Höchste Eile war geboten, denn schon Ende des Jahres mußte die Partitur dem Preisgericht eingereicht werden. Erst in den letzten Dezembertagen konnte Puccini die Komposition abschließen; für eine Reinschrift der Partitur fehlte die Zeit. Deshalb legte er der Jury das einaktige Werk in seiner stellenweise kaum lesbaren ersten Niederschrift vor und erhielt weder einen Preis noch eine Anerkennung zugesprochen. Es ist ziemlich sicher, daß die Juroren sich nicht die allerdings kaum zumutbare Mühe machten, das Werk zu entziffern, und es deshalb ohne Stellungnahme zurückreichten.

Aber Puccini und sein Mentor Ponchielli gaben noch nicht auf. Anfang 1884 spielte der Komponist Teile seiner Oper im Hause Marco Salas einem Kreis von Kennern vor, unter denen sich Arrigo Boito befand. Dieser als Komponist wie als Kritiker gleichermaßen geschätzte und einflußreiche Wortführer der jungen italienischen Musiker, der zu den Preisrichtern des Sonzogno-Wettbewerbs gehört hatte, fand Gefallen an der Oper und riet zu einer Aufführung; Freunde brachten die Kosten für die Abschrift des Orchestermaterials zusammen, und so konnte Puccinis Erstlingsoper am 31. Mai

Amilcare
Ponchielli

1884 in dem kleinen Mailänder Teatro dal Verme mit ziemlich
großem Erfolg in Szene gehen. Wahrscheinlich hatte die Musik
über die Schwächen des Textbuches, die allzu offensichtlich
waren, triumphiert. Überglücklich konnte Puccini der kranken
Mutter nach Lucca telegrafieren: *Stürmischer Erfolg. Hoffnungen übertroffen. Achtzehn Hervorrufe. Erstes Finale dreimal
wiederholt.*
Auch die Kritik sprach sich über das Werk des jungen, unbekannten Komponisten außerordentlich günstig aus. Hervorgehoben wurden Frische der Erfindung und besonders eine
ausgeprägte melodische Begabung. Der Kritiker des „Corriere
della Sera" äußerte sogar die prophetische Vermutung: „Wir
glauben ernsthaft, daß Puccini der Komponist sein könnte, auf
den Italien lange gewartet hat."[8]

23

Das für Puccini wichtigste Ergebnis dieser Aufführung war jedoch das Interesse, das Italiens bedeutendster Musikverleger, Giulio Ricordi, an dem Werke hatte. Er riet dem Komponisten zu einer Erweiterung auf zwei Akte, um die Oper abendfüllend zu machen, kaufte die Verlagsrechte dieser Neufassung und gab Puccini gleichzeitig den Auftrag für eine neue Oper, deren Text wieder Fontana schreiben sollte. Damit war eine Verbindung zwischen Komponist und Verleger geknüpft, die sich trotz zeitweiliger Trübungen bis zu Puccinis Tode bewähren sollte. Für einen jungen, noch weithin unbekannten Komponisten war die Protektion durch einen Verlag von großer Wichtigkeit, stellte doch ein so einflußreiches Unternehmen wie Ricordi eine Macht dar, die zwar einen Erfolg des von ihr unterstützten Werkes nicht allein verbürgen konnte, aber doch durch die ihm zu Gebote stehenden propagandistischen Mittel eine günstige Aufnahme wesentlich zu fördern vermochte.

Die Neufassung der *Willis* errang am 26. Dezember 1884 im Teatro Regio zu Turin trotz sehr mittelmäßiger Aufführung ebenfalls einen großen, einhelligen Erfolg. Nur an der Mailänder Scala, wo das Werk am 24. Januar 1885 herauskam, war die Aufnahme kühl.

Giacomo Puccini hat seine Laufbahn als Opernkomponist mit einem Werk begonnen, dessen Sujet auch nicht eine Spur aktuellen Bezuges auf Probleme hat, die seine Zeit bewegten. Der Handlung liegt eine rumänische Legende zugrunde, die jedoch in den Schwarzwald verlegt wurde, wahrscheinlich weil diese traditionsgemäß sagen- und geheimnisumwitterte Landschaft am ehesten einen glaubwürdigen Hintergrund für eine wohl schon vom Librettisten als unglaubwürdig empfundene Fabel abgab. Die dramaturgische Anlage des Buches ist äußerst ungeschickt: Im ersten Akt feiert ein junges Bauernpaar, Robert und Anna, Hochzeit. Robert bricht unmittelbar danach nach Mainz auf, um dort eine große Erbschaft in Empfang zu nehmen. Sein Abschied — mit Gebet und Abschiedschor zu einer großen, pomphaften Szene aufgeputzt — bildet den Abschluß des ersten Aktes, dessen dramaturgische Unzulänglichkeit auf der Hand liegt: Es wird in ihm keinerlei Konflikt aufgebaut, der im weiteren Verlauf ausgetragen werden könnte. Die entscheidende Handlung vollzieht sich nun hinter der Szene: Robert gerät in Mainz in die Arme einer

Giacomo Puccini

Dirne, und Anna stirbt aus Gram über seine Untreue. Den zweiten Akt eröffnet ein „Requiescat in pace", und erst danach erfährt der erstaunte Zuhörer durch Annas Vater, was inzwischen geschehen ist. Als Robert, von Reue gepeinigt, schließlich zurückkehrt, erscheint ihm — Sühne fordernd — Annas Geist. Irrlichter und Geister von Verstorbenen, die Willis, zwingen ihn zu tanzen, bis er tot zusammenbricht.

Die Rache der Geister, die Erscheinung der Toten, die geheimnisvoll-unbestimmt bleibende „Buhlerin" in Mainz — das alles sind Motive, wie sie in der romantischen Oper des frühen 19. Jahrhunderts in Deutschland und in Italien häufig waren. Sie werden hier freilich in einer unsäglich banalisierten und veräußerlichten Form gebraucht, die sich ganz zwangsläufig ergeben mußte, weil eine solche Thematik weitab von den Problemen lag, die im späten 19. Jahrhundert aktuell waren. So war dieses Werk ein Mißgriff und auch durch die Überarbeitung nicht zu retten.

Als dramatischer Erstling Puccinis verdient die Oper jedoch unser Interesse. Von einer ausgeprägt eigenen Handschrift kann in ihr freilich noch keinesfalls die Rede sein, vielmehr ist ihr Charakter durchweg eklektizistisch. Der junge Komponist zeigt sich den vielfältigsten Einflüssen offen, und man kann nicht einmal sagen, daß er sie verarbeitet und zu stilistischer Einheit zusammengezwungen hätte: sie stehen oft ganz unvermittelt nebeneinander. So hat man, sicher mit Recht, auf Anregungen Verdis, vor allem aus dessen mittlerer Schaffenszeit, und auf Einflüsse Catalanis, Bizets sowie der Meister des französischen „Drame lyrique", Thomas und Gounod, hingewiesen. Sie liegen tatsächlich meist deutlich auf der Hand. Interessanter ist es, nach Zügen zu suchen, in denen sich Puccinis späterer Stil ankündigt. Man wird sie am ehesten dort finden, wo der Komponist weiche, leicht elegisch gefärbte Stimmungen zu geben sucht. So ist insbesondere Anna, die erste in der Reihe der sensiblen, zerbrechlichen Frauengestalten Puccinis, oft musikalisch in einer Weise charakterisiert, die auf den reifen Maestro hindeutet:

Auch im Gebet Roberts aus dem ersten Akt drängt ein ganz eigener, lyrischer Ausdruck hervor:

Indessen sind solche Stellen, in denen sich der spätere Puccini deutlich ankündigt, in der *Vili*-Partitur nur selten zu finden.

Formal ist das Werk eine Nummernoper im traditionellen Sinn. Jede der drei Hauptgestalten hat eine „Szene und Arie" zu bestreiten. Von diesen Soloszenen verdient die des Robert im zweiten Akt besonderes Interesse wegen der beachtlichen dramatischen Charakterisierungskraft, die Puccini in ihr entfaltet. Ihren äußeren Dimensionen nach ist sie riesenhaft — sie umfaßt im Klavierauszug nicht weniger als achtzehn Seiten —, das Orchester hat an der dramatischen Entwicklung großen Anteil, und der Held, Robert, wird in den verschiedensten Schattierungen von Angst, Verzweiflung und leidenschaftlichem Aufbegehren gezeigt. Diese großangelegte dramatische Szene ist zweifellos die entscheidende Talentprobe des jungen Opernkomponisten.[9]

Es wurde schon erwähnt, daß die handgreiflichste dramaturgische Ungeschicklichkeit des Librettos darin liegt, daß entscheidende Momente der Handlung nicht szenisch vorgeführt werden, sondern sich hinter der Szene abspielen. Um diesen Mangel auszugleichen, hat Puccini in der zweiaktigen Fassung ein sinfonisches Intermezzo zwischen die Akte geschoben, das die fehlenden szenischen Zwischenglieder wenigstens musikalisch ersetzen soll. Solche rein instrumentalen Einlagen waren damals in vielen Opern der jungen italienischen Komponistengeneration anzutreffen. Erwähnt sei, als bekanntestes Beispiel, das „Intermezzo sinfonico" aus Mascagnis „Cavalleria rusticana". Zweifellos ist dieses Eindringen des sinfonischen Elements in die italienische Oper auf Einflüsse der deutschen Musik, besonders Richard Wagners, zurückzuführen. Vertreter der älteren Komponistengeneration, allen voran der greise Giuseppe Verdi, sind deshalb nicht müde geworden, vor dieser Sinfonisierung der italienischen Oper zu warnen, in der sie einen Bruch mit der spezifisch italienischen, auf der Herrschaft der Singstimme beruhenden Operntradition sahen. Es ist interessant, daß die einzige Äußerung, die wir von Verdi über den jungen Puccini kennen, in diese Richtung zielt. Nach der Uraufführung der *Willis*, über die ihm wohl Ricordi berichtet hatte, schrieb er am 10. Juni 1884 an seinen Freund, den Grafen Arrivabene: „Ich habe von dem Komponisten Puccini viel Gutes gehört. Er folgt modernen Tendenzen, das ist natürlich, aber er hält sich auch an die Melodie, die weder alt noch modern ist. Es scheint, daß das sinfonische Element bei ihm vorherrscht — das muß kein Nachteil sein. Nur ist es nötig, in dieser Beziehung vorsichtig zu sein; Oper ist Oper und Sinfonie ist Sinfonie; und ich glaube nicht, daß es gut sein könnte, sinfonische Passagen einzuführen, nur um dem Orchester die Möglichkeit zum Tanzen zu geben ...'[10] Ob Puccini damals von dieser Warnung Kenntnis bekommen hat, ist nicht bekannt, doch ist er in seinem späteren Schaffen der Gefahr sinfonischer Überwucherung fast immer entgangen. Trotz der großen Bedeutung, die das Orchester in seinen Opern hat, liegt doch das Hauptgewicht immer auf der menschlichen Stimme; sie ist, der italienischen Operntradition entsprechend, stets die wichtigste Trägerin des dramatischen Ausdrucks.

Das Intermezzo der *Willis* besteht aus zwei deutlich gegeneinander abgesetzten Teilen, denen erklärende Verse vorangestellt sind. Der erste ist *L'Abbandono* (Die Verlassenheit), der zweite *La Tregenda* (Die Erscheinung) überschrieben. Bemerkenswert ist ein szenischer Einfall Puccinis bei der Premiere: Er ließ während des schmerzlich aufgewühlten ersten Teiles vor einem Zwischenvorhang einen Zug mit der Leiche Annas über die Bühne ziehen. Mag uns heute dergleichen auch einigermaßen naiv erscheinen, so zeigt es doch deutlich, daß schon der junge Puccini einen gesunden Sinn für handgreifliche Bühnenwirkungen besaß. Der zweite Teil des Intermezzos, weit weniger eindrucksvoll als der erste, bringt einen tarantella-artigen Tanz der Geister und leitet damit unmittelbar in das Geschehen des zweiten Aktes über.

Überschaut man die Oper als Ganzes, so bietet sie das typische Gesicht eines Erstlingswerkes: Der Komponist probiert seine Möglichkeiten, eignet sich die dramatischen Techniken seiner Zeit an und findet nur in wenigen Partien schon einen eigenen Ton.

Wenige Tage nach der Uraufführung der *Willis*, am 17. Juli 1884, starb Puccinis Mutter in Lucca. Für den jungen Komponisten war das ein außerordentlich schwerer Schlag. Nach dem frühen Tod des Vaters hatte er sich naturgemäß besonders eng an die Mutter angeschlossen, deren erklärter Liebling er allzeit gewesen war. Die Nachricht von seinem ersten künstlerischen Erfolg hatte die letzten Stunden der Sterbenden erhellt. Nun sah sich Puccini ganz auf sich allein gestellt. Wahrscheinlich war es dieses Gefühl der Verlassenheit, das ihn dazu trieb, bei einer Frau neue Geborgenheit

Die Mutter,
Albina
Magi-Puccini

Die Mutter,
Albina
Magi-Puccini

zu suchen. Bald nach dem Tode der Mutter zog Elvira Bonturi, die Frau eines Luccaer Schulfreundes, zu ihm. Wir wissen nicht sicher, seit wann sich beide kannten. Elvira gab eine bürgerlich-gesicherte Existenz an der Seite eines Kaufmannes auf, um fortan mit dem Künstler zusammen zu leben. Als sie diesen für beider Schicksal so entscheidenden Schritt tat, war sie vierundzwanzig Jahre alt und hatte bereits zwei Kinder, von denen sie eines, die Tochter Fosca, mit zu Puccini brachte. 1886 wurde beiden der Sohn Antonio geboren, so daß der junge Komponist nun für eine vierköpfige Familie zu sorgen hatte. Erst achtzehn Jahre später, 1904, konnte die Ehe nach dem Tode von Elviras erstem Mann legalisiert werden.

Es konnte nicht ausbleiben, daß in dem kleinstädtischen Lucca das Zusammenleben Puccinis mit Elvira Bonturi als Skandal empfunden wurde. Für Puccini war es besonders bedrückend, daß sich jetzt Onkel Cerù meldete und das Geld zurückforderte, das er für die Ausbildung vorgeschossen hatte. Sein Argument, wenn es sich der junge Komponist leisten könne, eine Familie zu ernähren, werde er wohl auch genug Geld haben, um seine Schulden zurückzuzahlen, konnte Puccini nur durch die Beteuerung zu entkräften versuchen, er habe durch Die *Willis* weit weniger verdient, als der Onkel glaube. Tatsächlich wäre Puccinis finanzielle Lage außerordentlich mißlich gewesen, hätte ihm nicht der Verleger Ricordi als Vorschuß auf die neu zu schaffende Oper monatlich 300 Lire gezahlt. Ursprünglich war diese Zahlung für ein Jahr vereinbart, indessen zog sich die Arbeit an der neuen Oper fast vier Jahre hin, während derer Ricordis Geduld auf eine harte Probe gestellt wurde. Dennoch versagte er dem jungen Komponisten seine Unterstützung nicht — Beweis dafür, wie sehr er von der Begabung und den Zukunftsaussichten seines Schützlings überzeugt war.

Am 21. April 1889 ging *Edgar* — so hieß die neue Oper — zum ersten Male über die Bühne der Scala. Trotz glänzender Besetzung — die berühmte Romilda Pantaleoni sang die Partie der Tigrana, und Franco Faccio hatte die musikalische Leitung — errang das Werk höchstens einen Achtungserfolg. Die Kritiker bescheinigten Puccini Fortschritte gegenüber seinem Erstling in technischer Hinsicht, lobten einige Nummern,

Die mittelalterliche Stadtbefestigung von Lucca

Puccini und
Fontana

waren sich aber doch darüber einig, daß die Oper insgesamt
mißlungen sei. Es kam auch nach der Premiere nur noch zu
zwei Wiederholungen.

Trotz dieses Mißerfolges ließ Ricordi seinen Komponisten
nicht fallen. Wieder riet er zu einer Überarbeitung, insbesondere zur Kürzung der Oper von vier Akten auf drei, die
Puccini während des Sommers 1889 beschäftigte. Die Neufassung sollte im Frühjahr des folgenden Jahres wieder in der
Scala der Öffentlichkeit vorgestellt werden, doch zerschlug
sich das Projekt wegen einer Erkrankung des Tenors. Deshalb
erklang die Oper in ihrer neuen Gestalt erstmals am
28. Februar 1892 in Ferrara, wenig später, am 19. März, auch
in Madrid, wo der gefeierte Tenor Francesco Tamagno —
Verdis erster Othello — die Titelpartie sang. Puccini wohnte
dieser Aufführung und den Proben bei — es war seine erste

Auslandsreise. Aber auch in der Neufassung vermochte sich das Werk nicht auf der Bühne zu halten.

Auch bei dieser Oper, die die Bestätigung seines Talentes bringen sollte, verschwendete Puccini seine Kraft an ein untaugliches Libretto. Wenngleich mit mehr äußerer Handlung bedacht, ist das Buch zum *Edgar* nicht weniger dürftig und trivial als das zu den *Willis*. Als Vorlage diente Fontana ein Versdrama des Franzosen Alfred de Musset, „La Coupe et les Livres", in seiner Mischung aus psychologisierender Lyrik und rhetorischem Bombast ein typisches Werk der französischen „romantischen Schule". Der Held dieses Schauspiels ist eine jener problematischen, zerrissenen und zerquälten Naturen, wie sie die Literatur des frühen 19. Jahrhunderts liebte. Von einer psychologischen Vertiefung ist freilich in Fontanas Libretto keine Spur zurückgeblieben. Er reduzierte das Geschehen auf eine Folge spektakulärer Szenen und nahm den Gestalten jede Vielschichtigkeit, so daß uns in Puccinis Oper weit mehr in greller Schwarzweißmanier gezeichnete Typen als wirkliche Charaktere gegenüberstehen. Wieder fühlt man sich um fast ein Jahrhundert in der Operngeschichte zurückversetzt. Die Hauptperson, Edgar, wird haltlos hin und hergerissen zwischen zwei Frauen: der engelhaft-guten und sanftmütigen Fidelia und der mit allen Attributen einer verworfenen Verführerin ausgestatteten Zigeunerin Tigrana. Es fehlt nicht an den unwahrscheinlichsten Verwicklungen, die im einzelnen zu schildern unnötig ist. Als sich Edgar am Schluß doch zu Fidelia bekennt, wird diese von Tigrana erdolcht. Edgar bricht über der Leiche zusammen, und Tigrana wird, begleitet von Wehrufen der Menge, von Soldaten abgeführt.

Die Ähnlichkeit des Grundkonfliktes — ein Mann schwankend zwischen zwei extrem gegensätzlichen Frauen — mit dem von Bizets 1875 erstmals aufgeführter „Carmen" fällt auf. Es ist möglich, daß es diese Übereinstimmung war, die Fontana zur Wahl des Sujets überhaupt erst anregte. Vergleicht man indessen Puccinis Tigrana mit Bizets Carmen, so wird man sofort des großen Abstandes in der künstlerischen Bewältigung beider Gestalten gewahr. Bei Puccini findet man kaum etwas von jener erstaunlich sicheren, realistischen Erfassung eines triebhaft-erotischen Charakters, die Bizets Oper zu einem Glücksfall der Operngeschichte werden ließ. Die Aufgabe, eine solche Gestalt musikalisch auszuformen, stand ja im *Edgar* zum ersten Male vor ihm, war doch in den *Willis* die Kontrastfigur zur Heldin geheimnisvoll im dunklen geblieben. Es wirft nun auf Puccinis künstlerische Veranlagung ein höchst bezeichnendes Licht, daß er für Tigrana kaum eigene, persönliche Töne fand, sondern seine Zuflucht zu starken Anlehnungen an die weitausgreifende, schlagkräftige und rhythmisch scharf profilierte Melodik des mittleren Verdi nehmen mußte. Schon hier zeigte sich, was fast alle seiner späteren Opern bestätigen: daß Puccinis Neigung den zarten, zerbrechlichen Frauengestalten gehörte, daß er sich in ihre Psyche am sensibelsten einzuleben und sie am eindringlichsten nachzugestalten vermochte. Dagegen stand eine Gestalt wie Tigrana seinem Erleben ganz fern, und folgerichtig ist auch die kraftvolle, weitausholende Melodik, mit der er sie in der ersten Fassung des *Edgar* charakterisiert, für Puccini absolut untypisch.

O del-la morte mi-a sol - tan-to tu sa - rà

Wahrscheinlich hat Puccini gespürt, daß die Gestalt der Tigrana aus dem Stil des Werkes herausfiel: Nur so ist es zu erklären, daß er in der Zweitfassung die ursprünglich sehr breit angelegte Partie — sie hatte nicht weniger als vier große Arien — rücksichtslos zusammenstrich.

Mehr in seinem Element war Puccini zweifellos bei der Zeichnung des Charakters der Fidelia. Hier deutet sich stärker als bei der Anna in den *Willis* jener für Puccini so charakteristische Lyrismus an, der das Eigenste war, was er als Komponist zu geben hatte. Bezeichnenderweise hat er bei der Überarbeitung an dieser Partie kaum etwas geändert.

Es scheint angesichts des starken Kontrastes zwischen den beiden Frauengestalten dieser Oper kaum glaubhaft, daß Puccini ein Duett, das ursprünglich von Edgar und Fidelia bestritten wurde, in der Zweitfassung notengetreu Edgar und Tigrana übertrug. Die Diskrepanz zwischen dem Charakter und der Musik, die sich ganz zwangsläufig ergeben mußte, ist so schlagend, daß sie schon durch ein kurzes Notenbeispiel belegt werden kann.

Largo e sostenuto
con espressione di voluttà

Tigrana

Dal lab-bro mio___ sug-gi l'o-bli-o___ ea teil do-

man___ sor-ri - de - rà___ nuo-vi de-

li - ri___ di vo-lut-tà___

Für ein so sorgloses Verfahren Puccinis bei der Überarbeitung seiner Oper gibt es wahrscheinlich nur die Erklärung, daß er keine Lust hatte, viel Arbeit und neue Erfindung an ein Werk zu wenden, das er wohl inzwischen selbst für mißlungen hielt. Diese Erkenntnis scheint ihm bald nach der ersten Aufführung gekommen zu sein, und wenn er sich trotzdem zu einer Überarbeitung entschloß, so nur auf Drängen Ricordis, dem er sich verpflichtet fühlte. Jahre später hat Puccini die Schwächen des Werkes klar eingestanden, wobei er freilich die Hauptschuld am Mißlingen generös auf sich nahm:

Vom dramatischen Standpunkt aus war es ein kranker Organismus. Sein Erfolg war kurz. Zwar weiß ich, daß ich einige Seiten geschrieben habe, die mir Ehre machen — aber das ist nicht genug — für eine Oper ist es nichts. Die Grundlage einer Oper ist das Sujet und seine Bearbeitung. Als ich das Libretto von ,,Edgar" komponierte, habe ich, mit allem Respekt vor meinem Freund Fontana, einen Schnitzer gemacht. Es war mehr mein Fehler als seiner. [11]

Dennoch: vergleicht man dieses verunglückte Werk mit den *Willis*, so ist doch ein Fortschritt zu spüren. Er zeigt sich in der stärkeren Biegsamkeit der Melodik, in der größeren Plastizität der rezitativischen Partien und in der erhöhten dramatischen Schlagkraft. *Edgar* ist ein wichtiges Durchgangsstadium in der Entwicklung Puccinis gewesen, ein Zwischenglied, das zwischen seinem Erstling und der Reihe jener Meisteropern vermittelt, die mit *Manon Lescaut* begann.

Erwähnenswert scheint noch, daß ein sinfonischer Satz aus *Edgar,* die Trauermusik des zweiten Aktes, nicht nur rasch bekannt wurde, sondern auch zu Puccinis Begräbnis erklang, so daß ihn dieses Werk buchstäblich durch sein Leben begleitete. Für diese Trauermusik hatte Puccini Themen aus dem *Capriccio sinfonico* benutzt, seiner Abschlußarbeit am Mailänder Konservatorium.

Kurze Zeit nach Vollendung des *Edgar,* 1890, komponierte Puccini zum Tode Amadeos von Savoyen sein einziges größeres Kammermusikwerk: einen trauermusikartigen Satz für Streichquartett, den er *Crisantemi* überschrieb und dessen Hauptthema er später in den letzten Akt von *Manon Lescaut* übernahm.

Manon Lescaut

Es ist hier nötig, die Schilderung von Puccinis Leben zunächst zu unterbrechen und wenigstens in Umrissen ein Bild von der Welt zu entwerfen, in die er hineinwuchs. Denn je reifer Puccini als Künstler wurde, desto bewußter nahm er in sich auf und reflektierte in seinen Werken, was seiner Zeit ihr Gepräge gab. Erst wenige Jahre zuvor, 1870, war mit der Eingliederung des Kirchenstaates die nationale Einheit und Unabhängigkeit Italiens endgültig erkämpft worden. Damit war eine Periode der italienischen Geschichte zu Ende gegangen, die durch einen machtvollen Aufschwung des nationalen Gedankens, durch opferreiche revolutionäre Kämpfe gekennzeichnet war, eine Zeit, die sich selbst als „Wiedergeburt", als „Risorgimento" im nationalen Sinne verstand. Italien, von dem der österreichische Kanzler Metternich 1815 auf dem für das Schicksal des Landes so verhängnisvollen Wiener Kongreß gesagt hatte, es sei „nur ein geographischer Begriff", war nun, nach mehr als einem halben Jahrhundert tiefster nationaler Demütigung, zu einem geeinten und gleichberechtigten europäischen Staat geworden. Die politische Einheit Italiens war freilich nicht durch Aktionen des Volkes erzwungen worden, sondern durch einen Kompromiß des Adels mit dem Bürgertum, der Einigung des deutschen Reiches 1871 „von oben" durchaus vergleichbar. Dennoch war nun in Erfüllung gegangen, wofür die Italiener fast ein Jahrhundert lang leidenschaftlich gekämpft hatten. Mit der Befreiung und Einigung Italiens begann im Norden des Landes eine stürmische industrielle Entwicklung, während starke feudale Überreste in Süditalien einem wirtschaftlichen Aufschwung entgegenstanden. So vergrößerte sich zusehends jene tiefe Kluft zwischen Süd- und Norditalien, die bis heute besteht, und es reiften allmählich soziale Probleme von großer Tragweite heran.
Es konnte nicht ausbleiben, daß sich nach den Anspannungen der Vergangenheit nun überall, in Politik wie in Kultur, zunächst eine gewisse Erschlaffung der Kräfte bemerkbar

machte. Da nun das Ziel des langjährigen Kampfes erreicht war, entstand die Notwendigkeit, nach neuen Leitbildern zu suchen, auf die das Leben ausgerichtet werden konnte. Besonders deutlich wurde dies in der Kunst, denn sie hatte an der Bewegung des Risorgimento großen Anteil gehabt, indem sie revolutionäre Ereignisse der Vergangenheit darstellte oder an die einstige Größe Italiens erinnerte und so die gegenwärtige Unfreiheit deutlich ins Bewußtsein rückte. Überblickt man die Opern Giuseppe Verdis, so wird man sofort gewahr, welch große Rolle der Freiheitsgedanke in seinem frühen und mittleren Schaffen spielte. Jetzt, nach der Einigung Italiens, hatte diese Thematik ihre Aktualität verloren, und auch der „maestro della rivoluzione italiana" hätte vor der Notwendigkeit eines neuen Anfangs gestanden, wenn er nicht schon in den fünfziger Jahren über die nationale Thematik hinaus zu einem musikdramatischen Realismus vorgestoßen wäre, in dessen Zentrum der Mensch als Charakter und in seiner gesellschaftlichen Bedingtheit stand. Immerhin ist es denkbar, daß sein langes, mehr als zehnjähriges Schweigen nach der „Aida" (1870) seinen Grund auch in einer gewissen geistigen und künstlerischen Unsicherheit hatte, die sich aus der geschilderten Lage ergab.

Die italienischen Künstler suchten also in diesen Jahren vor allem nach neuen Stoffen für ihr Schaffen. Sie fanden sie einmal in der vielschichtigen sozialen Problematik, die besonders in dem wirtschaftlich stark rückständigen Süditalien auch nach der italienischen Einigung ungelöst geblieben war. Sie durch möglichst unverfälschte, künstlerisch nur wenig überhöhte und verallgemeinerte Darstellung den Zeitgenossen zum Bewußtsein zu bringen, wurde das Programm des „Verismo", einer Kunstströmung, die in der Literatur durch Giovanni Verga mit seiner Novelle „Nedda" (1874) begründet wurde und bald, mit den Werken von Mascagni und Leoncavallo, auch auf die Oper übergriff. Deutlich erweist sich der Verismo als eine Parallelerscheinung zu dem sich in Frankreich und Deutschland um diese Zeit entfaltenden Naturalismus. Wie dieser sucht er seine Stoffe vorwiegend dem Leben der untersten Volksschichten zu entnehmen. In Italien waren dies die Bauern, da sich das Proletariat eben erst herauszubilden begann. Dies bedeutete zweifellos eine Bereicherung der künstlerischen Thematik. Andererseits jedoch blieben Verismo und

Naturalismus oft in der Schilderung von Einzelerscheinungen stecken und drangen nur selten zur Darstellung typischer Charaktere und Situationen und schon gar nicht zu den Ursachen der Probleme vor. Oft wurde die ungeschminkte Darstellung krasser Situationen nahezu zum Selbstzweck. Damit ist die Begrenzung der naturalistischen Richtung angedeutet.

Neben der betont dem Leben und seinen unmittelbaren Problemen zugewandten veristischen Strömung zeigten sich in der italienischen Kunst des späten 19. Jahrhunderts jedoch auch andere, gegensätzliche Züge. Die rasche wirtschaftliche Entwicklung, die in Norditalien einsetzte, trieb nicht nur sehr bald in der Politik imperialistische Tendenzen hervor, sondern als deren Reflex auch eine Ideologie, die deutlich präfaschistische Züge trägt. Die Literatur spiegelt diesen Prozeß sehr klar wider. Besonders die zahlreichen Romane und Schauspiele Gabriele d'Annunzios zeigen jene charakteristische Mischung von Ästhetizismus und Barbarei, die Merkmal aller von faschistischer Ideologie beeinflußten Kunst ist. Ein ekstatischer Schönheitskult verschmilzt in ihnen mit der Verherrlichung des „amoralischen" Übermenschen im Sinne Friedrich Nietzsches, raffinierte Sinnlichkeit steht neben mönchischer Askese und perverser Lust am Grausamen. Bezeichnend für d'Annunzio ist auch eine blinde Schwärmerei für das Werk Richard Wagners besonders dort, wo es, wie im „Parsifal", mystische Züge trägt.

Überhaupt ist für die italienische Kultur des ausgehenden 19. Jahrhunderts ein waches Interesse an ausländischer Kunst charakteristisch. Zwar hatte sich Italien auch vorher, in der Periode des Risorgimento, keineswegs gegenüber der allgemeinen europäischen Kulturentwicklung abgeschlossen, doch erschwerte die Spezifik der nationalen Problematik eine umfassende Rezeption der vielfältigen künstlerischen Strömungen außerhalb Italiens. Das änderte sich jetzt grundlegend: Die italienischen Künstler nahmen begierig Anregungen von überallher auf und suchten sie in die Traditionen der italienischen Kulturentwicklung einzuschmelzen.

Auf musikalischem Gebiet war es zunächst die deutsche Musik, insbesondere die Musikdramatik Richard Wagners, die auf die junge Generation eine betörende Faszination ausübte. Standen Wagners nordische Göttermythen den allzeit um

Richard Wagner

Darstellung elementar-menschlicher Probleme und Charaktere bemühten Italienern auch denkbar fern, so vermochten dafür seine unerhört kühne Harmonik, seine nicht weniger neuartige farbige Orchesterbehandlung und auch seine sinfonische Technik des Szenenaufbaus nachhaltige Anregungen zu geben.

Bedeutsam sind aber auch die Einflüsse, die von der französischen Musik auf Italien ausstrahlten. Vor allem die betont lyrisch-elegische Opernkunst Charles Gounods und Jules Massenets, etwas später auch die subtile Klangkunst Claude Debussys, stießen bei den jungen Italienern auf verwandte Empfindungen.

Dies ist — skizzenhaft umrissen — der Hintergrund, vor dem sich Puccinis Aufstieg zu einem der bedeutendsten Repräsentanten der italienischen Musik vollzog: eine vielfältige, bunte, an extrem gegensätzlichen Strömungen reiche künstlerische Welt. Wie sich Puccini in ihr orientierte, wird sich aus der Betrachtung seiner Werke ergeben und kann hier noch nicht resümiert werden. Nur soviel sei vorweggenommen: Puccini reflektiert mehr oder weniger deutlich verschiedene künstlerische Strömungen seiner Zeit, ohne sich einer einzigen ganz

zu verschreiben. Begabt mit einer fast mimosenhaften Sensibilität, hat er die verschiedensten Eindrücke seinem Stil
amalgamiert. Der Verismo hat in seinen Opern ebenso Spuren
hinterlassen wie die ästhetisierenden Tendenzen; weder Wagner, für dessen „Parsifal" auch er Worte höchster Begeisterung fand, war auf sein Werk ohne Einfluß noch die französischen Meister seiner Zeit, die für die Herausbildung seines
eigenen, unverwechselbaren musikalischen Idioms eine kaum
zu überschätzende Bedeutung hatten. Freilich läßt sich, wie
bei jedem bedeutenden Komponisten, die Eigenart Puccinis
nicht als „Addition" solcher vielfältigen Einflüsse begreifen.
Vielmehr sind sie nur Elemente, die durch die Kraft der
künstlerischen Persönlichkeit zur Einheit des Werkes zusammengezwungen werden.
In den beiden Frühopern Puccinis deutet sich alles dies besten-
falls an. Sie sind insgesamt tastende Versuche, den eigenen
Weg abzustecken, den persönlichen Stil zu entwickeln, der sich
in Einzelheiten bereits ankündigt, aber noch nicht das Werk
einheitlich umgreift.
Daß ihm mit *Edgar* der große, durchschlagende und be-
stätigende Erfolg immer noch nicht gelungen war, scheint
Puccini nicht allzusehr bedrückt und ihn keineswegs entmutigt
zu haben. Schlimm aber war es für ihn, daß er in materieller
Hinsicht nun weiterhin auf äußerst schwachen Füßen stand
und Ricordi, der sich hier wirklich als weitblickender Mäzen
erwies, nach wie vor eine monatliche Unterstützung zahlen
mußte. Überdies meldete sich jetzt wieder Dr. Cerù und
forderte sein verauslagtes Geld zurück. Puccinis Lage war so
mißlich, daß er in momentaner Ratlosigkeit sogar den Plan
erwog, dem Beispiel seines Bruders Michele zu folgen, der wie
viele seiner Landsleute nach Südamerika ausgewandert war
und sich hier als Gesangslehrer durchzuschlagen suchte. In
einem Brief an Michele, geschrieben im April 1890, stellte er
seine Situation als ziemlich trostlos dar, aber auch die Antwort
des Bruders war denkbar deprimierend. Er riet Giacomo
dringend ab und schilderte eindringlich die Schwierigkeiten,
die sich den italienischen Auswanderern in Amerika entgegen-
stellten.[12]
Indessen hatte Puccini die Absicht auszuwandern wohl selbst
nicht recht ernst genommen, hätte das doch bedeutet, alle
Hoffnungen auf eine Zukunft als Opernkomponist zu be-

Puccini mit
seinem Sohn
Antonio

graben. Mit großem Eifer begann er deshalb wieder, nach einem neuen Sujet zu suchen. Er wandte sich zunächst an Antonio Ghislanzoni, doch war dieser nicht für eine Zusammenarbeit zu gewinnen. Wir wissen nicht sicher, ob es ein Zufall war, der Puccini die „Geschichte der Manon Lescaut und des Chevalier Des Grieux" aus der Feder des Abbé Antoine-François Prévost in die Hände spielte, oder ob Jules Massenets 1884 an der Pariser Opéra comique mit sensationellem Erfolg uraufgeführte Oper „Manon" ihm den Stoff nahebrachte: Jedenfalls begeisterte sich Puccini sehr rasch für diesen Roman aus dem Jahre 1756, der in eindrucksvoller Weise schildert, wie eine Liebe an den Schranken gesellschaftlicher Konventionen zerbricht, und der damit ein Problem vorwegnimmt, das zwanzig Jahre später in Deutschland bei den Dichtern des „Sturm und Drang" zu einem zentralen Thema wurde.
Freilich war es für Puccini kein geringes Wagnis, in einen Wettstreit mit dem damals bereits berühmten Massenet zu

treten. Aber die Gestalt der Manon fesselte ihn so stark, daß er sich trotzdem zu einer Vertonung entschloß, zumal er die Möglichkeit sah, eine allzu große Ähnlichkeit mit Massenets Werk in der Szenenführung zu vermeiden. Bezeichnend für sein Herangehen an diesen Stoff ist eine Bemerkung, die er gegenüber dem ersten Librettisten des Werkes, Marco Praga, machte: *Massenet fühlt das Stück als Franzose, mit der Atmosphäre von Puder und Menuetten. Ich werde es als ein Italiener fühlen, mit der Leidenschaft der Verzweiflung (con passione disperata).*[13] Deutlich erhellt dieser Ausspruch, daß es Puccini von vornherein nicht darum zu tun war, das Rokoko-Milieu von Prévosts Erzählung musikalisch einzufangen, sondern daß es ihm vor allem um die psychologische Durchdringung seiner Gestalten ging. Sehr treffend hat der Regisseur Joachim Herz das Besondere von Puccinis Einstellung zu seinem Stoff umrissen: „Der Silberklang, den die Zeit des Rokokos für uns hat, tönt nur aus seiner glänzenden Schauseite. Puccinis Blick dringt durch sie hindurch und legt das Menschliche bloß, das sich unter der schimmernden Oberfläche verbirgt mit seinen Leidenschaften, seinen ungestillten Wünschen, seinen Lastern und Verbrechen."[14]

Die Entstehungsgeschichte des Textbuches zu *Manon Lescaut* ist äußerst verwickelt und kaum vollständig zu entwirren. Klug geworden durch die Erfahrungen mit Fontana, nahm Puccini jetzt zum ersten Male nicht einfach ein fertiges Libretto hin, sondern stellte von Anfang an detaillierte Forderungen an seine Dichter. Dabei erwies er sich als so schwer zufriedenzustellen, daß die Zusammenarbeit oft recht schwierig wurde. Zunächst war als Textdichter für *Manon* von Ricordi der junge Ruggiero Leoncavallo vorgeschlagen worden, der sich damals nicht nur als Komponist, sondern auch als Dichter einen Namen zu machen suchte und Ricordis Interesse durch ein Textbuch mit dem Titel „I Medici" („Die Mediceer") auf sich gezogen hatte. Die Zusammenarbeit zwischen ihm und Puccini kam jedoch über allererste Anfänge nicht hinaus. Nun wandte sich Puccini an einen Freund, Marco Praga, der ihm das Szenarium entwarf und eine Prosafassung des Textes herstellte, für deren Versifizierung, die er sich selbst nicht zutraute, er den jungen Dichter Domenico Oliva vorschlug. Im Frühsommer 1890 hatten die beiden Literaten das Buch fertig; im Hause Ricordis wurde eine Vorlesung ver-

Ruggiero
Leoncavallo

anstaltet, und Puccini zeigte sich befriedigt. Er mietete in Vacallo, einem kleinen Dorf in der italienischen Schweiz, für sich und seine Familie ein Häuschen, um sich ungestört der Komposition widmen zu können. Im selben Orte wohnte damals auch Leoncavallo, der mit der Komposition des „Bajazzo" beschäftigt war. Am Fenster seines Domizils hing eine Fahne mit der Zeichnung eines Harlekins, während Puccini an dem seinen eine Flagge mit einer großen, ungefügen Hand anbrachte: Er deutete so durch ein Wortspiel auf seine neue Oper hin, denn „Manone" heißt italienisch „große Hand".
Puccini begann mit der Arbeit am ersten Akt, aber seine Befriedigung über das Libretto war von kurzer Dauer. Je intensiver er sich mit dem Werk beschäftigte, desto deutlicher empfand er eine Reihe von Ungeschicklichkeiten und eine zu große Ähnlichkeit mit Massenets Oper in der Abfolge der

Szenen. Vor allem der zweite Akt schien ihm mißlungen: Er wollte den bisherigen dritten Akt an dessen Stelle gesetzt und statt diesem einen neuen eingefügt haben, der die Einschiffung der Verurteilten in Le Havre zeigen sollte. Marco Praga war für diese Änderungen nicht zu gewinnen, und so machte sich Oliva allein an die Arbeit, ohne freilich Puccinis Zustimmung zu finden, so daß auch er sich schließlich gekränkt von dem gemeinsamen Werk zurückzog. Glücklicherweise wußte Ricordi Rat, der den Verlauf der Arbeiten mit größtem Interesse verfolgt und selbst durch viele Anregungen zur Verbesserung beigetragen hatte. Er empfahl den jungen Luigi Illica, der nun das Libretto tatsächlich einigermaßen zur Zufriedenheit des Komponisten zu Ende führte. Einige die Handlung wirkungsvoll auflockernde Episodenfiguren, so der Perückenmacher und Musikmeister im zweiten und der Lampenanzünder im dritten Akt, gehen auf seine Anregungen zurück. Bei der Veröffentlichung des Werkes wurde auf die Angabe eines Textdichters verzichtet.

Die kompositorische Arbeit ging neben diesen ständigen Verbesserungen des Librettos einher, zuletzt schuf Puccini den dritten Akt, und im Oktober 1892 war die Oper vollendet; die Uraufführung, von Puccini selbst überwacht, fand am 1. Februar 1893 im Turiner Teatro Regio statt und brachte dem Komponisten einen stürmischen, einhelligen Erfolg. Rund dreißigmal wurde er nach der Aufführung auf die Bühne gerufen. Aus ganz Italien waren Kritiker zu dieser Premiere gekommen, und sie erkannten die Bedeutung des Werkes, mit dem Puccini endlich den ersehnten Durchbruch erzielt hatte, völlig an. So schrieb Giovanni Pozza im „Corriere della Sera": „Die menschliche und romantische Liebe des Chevalier Des Grieux für die süße und so natürlich verderbte Manon hat die Begabung Puccinis zu den Quellen der frischesten und kunstvollsten Inspiration emporgeführt ... Von ‚Edgar' bis zu dieser ‚Manon' hat Puccini einen tiefen Abgrund übersprungen. Man kann sagen, daß ‚Edgar' eine notwendige Vorbereitung war, ganz überschäumend, ganz blitzendes Signal. Hingegen ist ‚Manon' die Oper des selbstbewußten, kunstbeherrschenden, schöpferischen und vollendeten Geistes."[15]

Wird hier sehr einsichtsvoll die Bedeutung der Oper für Puccinis Entwicklung umrissen, so hob E. A. Berta, Kritiker der „Gazetta del Popolo", die nationale Bedeutung des jungen

Komponisten hervor: „Puccini hat sich in dieser ‚Manon'
als das enthüllt, was er wirklich ist: als einer der stärksten,
wenn nicht gar als der stärkste unter den jungen italienischen
Opernkomponisten. Was in den vorausgegangenen Opern
Puccinis Versprechen war, wird in ‚Manon' Bekräftigung,
Wirklichkeit. Der geistreiche und gelehrte Kontrapunktiker,
der gebildete und geschmackvolle Instrumentator vereinigte
sich in dieser ‚Manon' mit dem fruchtbaren Melodiker, der in
seinem Herzen unerschöpfliche Schätze an Melodien findet, die
sich mit einer wirklich italienischen Reinheit und Unver-
fälschtheit loslösen und denen er selbst Entwicklung bietet, da
seine Dichterader überschwenglich ist und einer Idee gleich
hundert andere folgen."[16]
Mit dieser Oper hatte Puccini ein Thema gefunden, das ihn
von nun an in fast allen seinen Werken beschäftigen sollte: die
einfühlsame Schilderung der zarten, sensiblen, leidenden
weiblichen Psyche. Manon Lescaut ist die erste in der Reihe
jener eindrucksvoll gezeichneten puccinischen Frauengestalten,
die über die Mimi der *Bohème*, über Madame Butterfly und
das Mädchen aus dem Goldenen Westen bis hin zur Liù der
Turandot reicht. Gewissermaßen als noch nicht völlig bewäl-
tigte Vorstudien dazu müssen Gestalten wie die Anna der
Willis und die Fidelia aus *Edgar* verstanden werden. Sie alle,

„Manon Lescaut" (Komische Oper Berlin 1955)

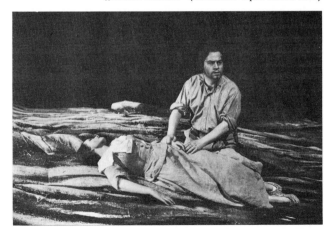

so verschieden auch Zeit und Milieu sind, worin sie leben, haben entscheidende Wesenszüge gemeinsam. Daß ihnen Puccinis ganze Liebe und Sympathie gehört, daß sie die eigentlichen Heldinnen sind, um derentwillen seine Opern geschrieben wurden, wird niemand bezweifeln, der diese Werke kennt. Aber freilich sind sie allesamt gänzlich unheroische Heldinnen, die an einer grausamen Wirklichkeit leiden. Obwohl erst einer späteren Zeit angehörend, sei schon an dieser Stelle jener berühmt gewordene Ausspruch Puccinis zitiert, der seiner Neigung zum Unheroischen, Zarten beredten Ausdruck gibt: *Ich bin nicht geschaffen für heroische Gesten. Ich liebe die Seelen, die wie wir fühlen, aus Hoffnung und Illusion bestehen, die blitzende Freude und tränende Wehmut empfinden.*[17] Es gibt noch viele andere Äußerungen Puccinis, die zeigen, daß er sich als *Musiker der kleinen Dinge*, als Schilderer des *pochenden Menschenherzens* verstand und die große heroische Geste von seiner Kunst bewußt fernhalten wollte.

Diese Hinwendung zum Intimen kann nicht allein in Puccinis Mentalität begründet sein, vielmehr ist zu vermuten, daß sie eine Reaktion auf die tiefe Problematik und Widersprüchlichkeit jener Zeit, des späten 19. Jahrhunderts, darstellt. Je mehr die imperialistische Entwicklung voranschritt, desto schwerer zu entwirren wurden für den bürgerlichen Künstler die gesellschaftlichen Zusammenhänge. Er sah sich einer überaus komplizierten Welt gegenüber und vermochte in ihr bei der bürgerlichen Begrenzung seines Standpunktes die Fronten ungleich schwerer zu erkennen als etwa die Künstler in der Aufstiegsperiode des Bürgertums. Das Schicksal des Menschen erfüllte sich für die meisten Künstler am Ende des 19. Jahrhunderts nicht im Kampf gegen einen als Persönlichkeit scharf umrissenen und gesellschaftlich genau determinierten Feind, sondern im Ausgeliefertsein an eine anonyme und darum unfaßbare Macht. So mochte auch Puccini fühlen, daß in einer immer undurchschaubarer werdenden Welt die große heroische Tat kein Ziel mehr finden und ins Leere stoßen müßte, weil dem heldischen Aufbegehren kein konkreter Gegner mehr erwüchse. Erst viel später, als er an dem Einakter *Der Mantel* arbeitete, scheint ihm eine Ahnung gekommen zu sein, daß im Proletariat, das sonst nie in seinen Gesichtskreis trat, aus verändertem Bewußtsein ein neuer Heroismus möglich war. Andererseits aber spürte ein so sensibler Künstler wie Puccini

Giacomo
Puccini (1884)

zweifellos auch, daß sich im Laufe der kapitalistischen Entwicklung die menschlichen Beziehungen immer mehr verding-
lichten, daß in einer ganz auf das Äußerliche orientierten Welt
einfaches und echtes menschliches Fühlen und Empfinden
bedroht waren. Diese Bedrohung sichtbar zu machen, sie im
Kunstwerk zu sublimieren und damit wenigstens scheinhaft
zu überwinden, wird ein wesentliches Element seines Künst-
lertums. Die Bedrohung der Innerlichkeit durch eine brutale
Wirklichkeit ist aber für Puccini und viele andere Künstler
seiner Zeit am überzeugendsten zu gestalten am Schicksal jener
tief fühlenden, zart empfindenden Frauen, die eben die Reinheit ihres Fühlens in einen Konflikt mit der Umwelt bringt,
den sie nicht lösen können und an dem sie zugrunde gehen. Es
ist höchst bezeichnend, daß keine von Puccinis Frauengestalten, mit Ausnahme Toscas, für die Rechte ihres Gefühls im
mindesten zu kämpfen imstande ist. Sie sind allesamt keine

Handelnden, sondern erleiden ihr Schicksal still und ohne aufzubegehren. Diese ihre Passivität aber steht stellvertretend für die Ohnmacht des Menschen schlechthin vor einer Welt, die er mehr und mehr als undurchdringlich und unbeherrschbar empfindet und deren brutalem Zugriff er wehrlos ausgeliefert ist.

Weder mit dem Verzicht auf das Heroische noch mit der damit zusammenhängenden Hinwendung zur weiblichen Psyche steht Puccini in seiner Zeit allein. Man braucht nur, im deutschen Bereich, auf die Lyrik Rainer Maria Rilkes, im französischen auf die Musik Claude Debussys zu verweisen, um deutlich zu machen, daß bei aller Verschiedenheit dieser Künstler doch gemeinsame Grundzüge in der gänzlich passiv-reflektierenden Haltung und im Interesse für weibliches Fühlen erkennbar sind. Selbst in der so ganz anders orientierten realistischen Romanwelt des alten Theodor Fontane[18] stehen fast ausnahmslos Frauengestalten im Mittelpunkt. Das alles beweist, daß wir in dieser Hinwendung eine für viele Künstler charakteristische Reaktion auf die Problematik ihrer Zeit vor uns haben.

In *Manon Lescaut* hat Puccini seinen Stil endgültig gefunden. Mögen auch gewisse Einflüsse der französischen lyrischen Oper, insbesondere Massenets, gelegentlich noch zu konstatieren sein, so sind sie doch völlig bruchlos in die eigene Tonsprache eingeschmolzen. Sie entfaltet ihren ganzen Zauber in der Schilderung der Heldin selbst. Hier findet Puccini immer neue Schattierungen seines weichen, mit einer Spur von Morbidität überhauchten Lyrismus, für den jene kurze, müde herabsinkende Phrase ungemein bezeichnend ist, mit der sich Manon im ersten Akt vorstellt und die dann, leicht verändert, als ihr Leitmotiv mehrfach wiederkehrt.[19]

Schon dieses Zitat vermag deutlich zu machen, daß Puccini seine Manon nicht als leichtfertige Kurtisane des französischen Rokoko zeichnen wollte, sondern als schwachen, den eigenen Leidenschaften leicht und verhängnisvoll erliegenden, dabei aber überaus sensiblen Charakter. Damit deutet er Prévosts Vorlage zweifellos in der Richtung des eigenen Erlebens, ja des eigenen Wesens um. Wir wissen aus Äußerungen Puccinis, daß er die innerliche Identifizierung mit seinen Gestalten brauchte, um seiner Musik jenen Grad von Authentizität verleihen zu können, den sie in ihren großen Momenten zweifellos hat. So ist die Melodie der berühmten Manon-Arie *In quelle trine morbide* (In diesen kalten Räumen) aus dem zweiten Akt in ihrem süßlarmoyanten Ausdruck wahrscheinlich das Beseelteste und zugleich Persönlichste, was er bis dahin geschrieben hatte.

Wie sehr Puccini in der musikalischen Schilderung der Manon zu sich selber gefunden hat, zeigt auch der merkwürdige Umstand, daß der Chevalier des Grieux weitgehend mit ähnlichen Mitteln geschildert wird, sich seine Gestalt somit musikalisch von der Manons kaum abhebt. Man muß dies wohl verstehen aus Puccinis Schaffenssituation: Im Bewußtsein, hier endlich die ihm gemäße Sprache gefunden zu haben, sprach er sie, wo immer es ihm möglich schien. Für den Mangel an Kontrasten in der Schilderung der Charaktere entschädigt indessen der melodische Reichtum, der in keiner späteren Oper so verschwenderisch ausgestreut wird wie hier. Auch hat Puccini sonst durchaus für auflockernde Kontraste gesorgt — als Beispiele seien die Kartenspielszene im ersten, Manons graziöses Liedchen *L'ora, o Tirsi* (Hörst du die Stunde, Tyrsi,

locken) im zweiten und das Lied des Laternenanzünders im
dritten Akt genannt.

Mit der geschilderten innerlichen Identifizierung des Komponisten mit seinen Gestalten hängt es wahrscheinlich auch
zusammen, daß Puccini weitgehend darauf verzichtete, der
Oper französische Atmosphäre und das Zeitkolorit des
18. Jahrhunderts zu geben. Lediglich im zweiten Akt finden
sich schwache Ansätze dazu durch ein eingefügtes Menuett
und ein *Madrigal*, das er der Messe aus seiner Luccaer Zeit
entnahm. Wie wenig die Betonung des Milieus der Handlung
schon den anfänglichen Intentionen Puccinis entsprach, hat er
selbst durch jenen von uns zitierten Ausspruch bezeugt, mit
dem er sein Werk gegen die Schöpfung Massenets absetzte.

Überblickt man Puccinis Oper als Ganzes, so wird bald offenbar, daß sie trotz des harten Ringens um eine überzeugende
Gestalt des Librettos in dramaturgischer Hinsicht manche
Wünsche offenläßt. Die Notwendigkeit, allzu große Ähnlich-
keiten mit Massenets Werk zu vermeiden, hat die Autoren
schließlich zu einer Anlage genötigt, die oft der inneren Logik
entbehrt.[20] Vor allem stehen die einzelnen Akte ziemlich
unverbunden nebeneinander. Der erste, kontrastreichste und
dennoch geschlossenste, bringt, inmitten fröhlichen Stu-
dententreibens, die erste Begegnung zwischen dem Studenten
Des Grieux und der schönen Manon, die von ihrem Bruder in
ein Kloster gebracht werden soll. Beide entbrennen sofort in
Liebe zueinander und fliehen gemeinsam. Zu Beginn des
zweiten Aktes jedoch findet der erstaunte Zuschauer Manon
plötzlich im Pariser Haus des Steuerpächters Geronte wieder,
ohne daß ihm sofort klar würde, wie sie dorthin kommt. Erst
allmählich erfährt er, daß sie zur Kurtisane und zur Geliebten
Gerontes wurde. Eine ähnliche Lücke wie zwischen diesen
beiden Akten klafft auch zwischen dem zweiten und dritten.
Zwar endet der zweite mit der Verhaftung Manons, die mit
dem noch immer geliebten Des Grieux zum zweiten Male fliehen wollte, doch wird dem Zuhörer nicht sofort deutlich, weshalb sie im dritten Akt zusammen mit anderen Kurtisanen und
Dirnen in Le Havre nach Amerika eingeschifft wird. Freilich
hat hier Puccini den Handlungssprung wohl selbst empfunden
und, wie in seiner Erstlingsoper, durch ein zweiteiliges sinfonisches Intermezzo zu mildern versucht, das zunächst Manons
Gefangenschaft, dann die Reise nach Le Havre schildert.

Presseartikel über die „Manon" von Massenet und von Puccini

Der letzte Akt schließlich, der nur aus einem riesigen Duett besteht, zeigt Manon und Des Grieux, der sie auf ihrer Fahrt nach Amerika begleitet hat und dort mit ihr geflohen ist, hungernd und dürstend in einer Wüste Nordamerikas, wo sie in seinen Armen stirbt. Der ganze Akt ist ein großangelegtes Lamento ohne eigentliche Handlung, das zweifellos dramaturgisch nicht unbedingt nötig wäre, denn bereits am Ende des zweiten Aktes hat sich das Schicksal der Liebenden erfüllt, das aber Puccini Gelegenheit zu einer erstaunlichen psychologischen Vertiefung seiner Musik gibt. Mag man dem Puccini-Biographen Mosco Carner auch zustimmen, daß die Sterbeszene der Mimi in *La Bohème* weit konziser und ökonomischer durchgeformt ist als dieses breit ausgesponnene Todesgemälde: unbestreitbar bleibt, daß Puccini hier Tiefen der Verzweiflung mit einer Eindringlichkeit und Überzeugungskraft aufreißt wie in keiner seiner späteren Opern. Hier ist jenes „Sterben in Verzweiflung" zum ersten Male ergreifend Ton geworden, das dann, von der *Tosca* zur *Madame Butterfly*, geradezu ein Leitmotiv seines Schaffens wurde, und es wirkt in *Manon* um so stärker, als es unmittelbarem Erleben, stärkster Einfühlung entspringt und die Effekte noch nicht von spekulativer Theatererfahrung kalkuliert werden. So ist beispielsweise der Ausdruck hoffnungsloser Verlassenheit zwingend eingefangen in Manons großem Solo, das nur von einer trostlos herabsinkenden Oboen- bzw. Flötenmelodie über lastend hin und her pendelnden Akkorden der Streicher begleitet wird.

Als Ausdruck des Schmerzes und der Todesnähe benutzt Puccini in diesem letzten *Manon*-Akt häufig harmonische Mittel, die ihre Herkunft von Wagners „Tristan"-Chromatik nicht verleugnen, sich aber dennoch der weich-elegischen Tonsprache dieser Oper bruchlos einfügen. So wird unmittelbar vor dem Schluß das Manon-Motiv chromatisch umgeformt und erhält dadurch eine hoffnungslos todestraurige Färbung, die ganz der Situation entspricht.

Sicher ist es kein Zufall gewesen, daß Puccini gerade hier Anregungen von Wagners „Tristan" aufnahm und verarbeitete. Für die Todesverfallenheit der Liebe hatte Wagner im „Tristan" so betörende Klänge gefunden, daß es nicht verwunderlich ist, wenn der junge Komponist bei der Schilderung des Sterbens seiner Manon an sie dachte — übrigens keineswegs zum Schaden des Werkes. Auch in dem großen Liebesduett des zweiten Aktes klingen unverkennbare „Tristan"-Klänge auf.

La Bohème

Manon Lescaut machte seinen Schöpfer mit einem Schlage weit über die Grenzen seiner Heimat hinaus berühmt: Nicht nur fast alle italienischen Operntheater von Rang brachten das Werk schon kurze Zeit nach der Uraufführung heraus, auch in Buenos Aires, Rio de Janeiro, Petersburg, Hamburg, München und London ging es mit sensationellem Erfolg über die Bühne. Damit hatte sich Puccini als Künstler endgültig durchgesetzt und zugleich seine Existenz in materieller Hinsicht auf eine sichere Basis gestellt. Er konnte Ricordi den fast neun Jahre lang monatlich gewährten Vorschuß zurückzahlen und sich außerdem einen lang gehegten Lieblingswunsch erfüllen und ein Haus in Torre del Lago kaufen, einem kleinen Dörfchen in der Nähe von Lucca, unmittelbar am See Massaciuccoli. Hier in der freien Natur fühlte er sich wohler als in der Stadt, hier konnte er sich ganz seinen Neigungen hingeben, konnte jagen, fischen und ein ungebundenes Leben

Die mittelalterliche Befestigung von Torre del Lago
(im Hintergrund Puccinis Haus)

führen. Sosehr Puccini ein Kind der Zivilisation war, sich gern mit Luxus umgab und in weltmännisch-urbaner Geste gefiel, sosehr brauchte er andererseits auch den Ausgleich des Lebens in der Natur. In dem kleinen Dorfe Torre del Lago, dessen Bauern stolz auf „ihren" Maestro waren, fühlte er sich als ungekrönter König; hier sah man ihm manche Extravaganzen und Zügellosigkeiten nach, hier fand er aber auch immer Anregung und Kraft zu neuem Schaffen. Alle seine späteren Opern, mit Ausnahme der *Turandot,* sind in Torre del Lago konzipiert worden.

Es ist verständlich, daß Puccini dieses freie, ungebundene Leben nicht gegen irgendwelche festen Verpflichtungen eintauschen wollte. So hat er zwei gewiß ehrenvolle Angebote abgelehnt, die ihm damals gemacht wurden. Sein ehemaliger Lehrer Bazzini, der jetzt Direktor des Mailänder Konservatoriums war, trug ihm die Nachfolge des im August 1893 verstorbenen Alfredo Catalani als Leiter einer Kompositionsklasse an, und das Liceo Benedetto Marcello in Venedig suchte den jungen, so rasch berühmt gewordenen Maestro sogar als Direktor zu verpflichten. Puccini aber wollte, unbelastet von irgendwelchen Ämtern, weiterhin ganz seinem Schaffen leben. Er hat auch später niemals Unterricht erteilt und aus seiner Abneigung gegen jede Art von Schulstube keinen Hehl gemacht.

Torre del Lago wurde durch Puccini bald zum Mittelpunkt eines kleinen Kreises von Künstlern, die wie er die Ungebundenheit liebten. Zwei von ihnen, die Maler Guido Marotti und Ferruccio Pagni, haben später eine anschauliche Schilderung dieses Kreises gegeben.[21] Die Freunde trafen sich in einer kleinen baufälligen Schenke, die Puccini von einem Schuster gekauft hatte und in der er einen Klub einrichtete, der bald den Namen „Bohème-Klub" erhielt — sowohl im Hinblick auf das Treiben seiner Mitglieder als auch auf das neue Werk, an dem Puccini arbeitete. Beredtes Zeugnis der fröhlichen Ausgelassenheit, die hier herrschte, sind seine „Statuten"[22]:

1. Die Mitglieder des Bohème-Klubs, getreu dem Geiste, in dem er gegründet wurde, geloben einander unter Eid, es sich wohl sein zu lassen und besser zu essen.

2. Poker-Gesichter, Pedanten, schwache Mägen, Dummköpfe, Puritaner und andere Elende dieser Art sind nicht zugelassen und werden hinausgeworfen.

3. Der Präsident wirkt als Vermittler; er hindert jedoch den Schatzmeister, das Mitgliedsgeld einzusammeln.

4. Der Schatzmeister ist ermächtigt, sich mit dem Geld heimlich davonzumachen.

5. Die Beleuchtung des Lokals hat durch eine Petroleumlampe zu geschehen. Wenn das Brennmaterial fehlt, sind die Holzköpfe der Mitglieder zu nehmen.

6. Alle vom Gesetz erlaubten Spiele sind verboten.

7. Schweigen ist verboten.

8. Weisheit ist nicht erlaubt, außer in besonderen Fällen.

Vom Klub aus zogen die Freunde meist zu Puccinis Haus und verbrachten den Abend und die halbe Nacht mit Kartenspiel und Gesprächen, während der Komponist inmitten dieser lärmenden Gesellschaft oft am Flügel saß und komponierte. Er hielt streng darauf, daß man sich um ihn nicht kümmerte, und konnte wütend werden, wenn er das Gefühl hatte, daß man auf ihn Rücksicht nahm. Mit dieser merkwürdigen Arbeitsweise dürfte Puccini wahrscheinlich einzig dastehen.

Sofort nach der Uraufführung von *Manon Lescaut* begann Puccini nach einem neuen Opernstoff zu suchen. Dabei konzentrierte sich sein Interesse gleichzeitig auf zwei literarische Werke: Giovanni Vergas eben erschienene Novelle „La Lupa" („Die Wölfin") und Henri Murgers Roman „La vie de

Bohème" („Das Leben der Bohème"), Verga, Begründer und Hauptvertreter des italienischen Verismo, erregte damals mit seinen Novellen aus dem Leben der sizilianischen Bauern großes Aufsehen; eine davon war die Grundlage für die Oper „Cavalleria rusticana" gewesen, mit der Pietro Mascagni 1890 einen sensationellen Erfolg errungen hatte. Es ist wahrscheinlich, daß diese glückliche Stoffwahl seines Mailänder Studienkameraden Puccinis Interesse an einem sehr ähnlichen Thema zumindest steigerte. Im Frühjahr 1894 reiste er zu Verga nach Catania auf Sizilien und besprach mit ihm Einzelheiten der Umformung seiner Erzählung zum Opernbuch. Er machte sich auch mit der Atmosphäre des Landes vertraut und interessierte sich für die Volksmusik ebenso wie für charakteristische Volkstypen. Indessen scheinen ihm schon in den Gesprächen mit Verga erste Zweifel gekommen zu sein, ob ein brutal-naturalistischer Stoff seiner musikalischen Begabung entsprach. So bedurfte es nur noch eines äußeren Anstoßes, um ihn von dem Plan gänzlich abzubringen. Auf der Rückfahrt von Sizilien lernte er Gräfin Blandina Gravina kennen, eine Tochter Cosima Wagners aus deren erster Ehe mit Hans von Bülow. Ihr erzählte er von Vergas Novelle, und sie war von dem „Drama der Wollust und des Verbrechens" so entsetzt, daß ihre ablehnende Reaktion für Puccini der letzte Anlaß war, diesen Opernplan aufzugeben.

Mit um so größerer Energie wandte er sich nun sofort dem anderen Sujet zu: Murgers „Bohème". Dieser 1851 erstmals erschienene Roman fesselte Puccini wohl vor allem wegen seiner ungeschminkten Schilderung des „fröhlichen und schrecklichen Daseins" der Pariser Künstler, einer Darstellung, die zwar gewiß nicht zu den wahren Ursachen der sozialen Misere, in der diese jungen Künstler lebten, vordringt, immerhin aber eine Ahnung von der prinzipiellen Kunstfeindlichkeit der kapitalistischen Ordnung erkennen läßt. Das Verhältnis des Künstlers zur bürgerlichen Gesellschaft, das eigentliche Thema dieses Buches, ging ja Puccini unmittelbar an, das Milieu, in dem der Roman spielt, war ihm aus eigenem Erleben vertraut, und zudem gab es hier eine der Manon vergleichbare zarte und empfindsame Frauengestalt, die seine Phantasie sofort fesselte.

Luigi Illica, der schon an der endgültigen Fassung des *Manon*-Librettos beteiligt gewesen war, übernahm zusammen mit

Puccini, Illica
und Giacosa
während der
Entstehungszeit
von
„La Bohème"

Giacomo Giacosa die schwierige Aufgabe, aus der losen
Szenenfolge des Romans eine Opernhandlung herauszukri-
stallisieren. Damit war hier zum ersten Male das Team am
Werk, das von nun an mehrere Opern Puccinis gemeinsam
konzipierte. Von den beiden Dichtern war Giacosa zweifellos
die geistig bedeutendere und künstlerisch begabtere Persönlichkeit. Er hatte sich mit einer Reihe beachtlicher Dramen
einen Namen gemacht und galt als einer der profiliertesten
Vertreter der damaligen italienischen Literatur. Ganz im
Gegensatz zu seiner besonnenen, künstlerisch tiefschürfenden
Art war der zehn Jahre jüngere Illica eine impulsive, einfalls-
reiche, aber auch ein wenig unkonzentrierte Natur. In der
gemeinsamen Arbeit haben sich die beiden so verschiedenen
Charaktere jedoch gut ergänzt.
Die Arbeit am Libretto schritt nur mühsam voran, denn
Puccini war auch diesmal außergewöhnlich schwer zufrie-
denzustellen und verlangte ständig neue Änderungen. Der

Briefwechsel zwischen den Dichtern, dem Musiker und dem Verleger und Freund Ricordi, der oft vermittelnd eingriff, ist teilweise veröffentlicht und gibt eine Vorstellung vom hartnäckigen Ringen um einen Text, der Puccinis Wünschen entsprach. Er dokumentiert eindringlich, wie ernst es ihm schon mit der textlichen Gestaltung seiner Opern war und daß er ein enges, persönliches Verhältnis zu seinen Stoffen brauchte.

Auffällig ist in diesen Briefen vor allem, daß Puccini immer wieder die Forderung nach größtmöglicher Konzentration und Kürze stellt. Keinesfalls, so versichert er den Dichtern, dürfe ein Akt mehr als dreihundert Verse enthalten. Besonders Illica, der sich gern ins uferlose verlor, mußte immer wieder gemahnt werden, seine Phantasie zu zügeln. Es ist interessant, daß auch Verdi ständig in diesem Sinne auf seine Librettisten einwirkte. Zweifellos steht hinter dieser Forderung die Einsicht, daß das Wort in einer Oper der Musik noch genügend Raum zur Entfaltung lassen muß und daß insbesondere der emotionale Bereich vom Text nur angerissen werden darf, denn ihn zu vertiefen ist die eigentliche Aufgabe des Musikers.

Puccini hat an der Gestaltung des Textbuches großen Anteil. So war insbesondere der gegenüber dem ersten stark kontrastierende, im Quartier latin spielende zweite Akt mit der heiteren Szene der Musette seine Idee. Er fand, daß der ursprünglich an dieser Stelle stehende jetzige dritte Akt unmittelbar nach dem ersten matt wirken müsse, daß es nötig sei, *ein anderes und wirksameres Bild zu finden, sei es dramatisch oder komisch.*[23] Auch mit dem an der Barrière d'Enfer spielenden dritten Akt war Puccini lange unzufrieden. *Ich finde —* schrieb er an Giulio Ricordi —, *daß in diesem Akt die Musik eine zu geringe Rolle spielt; nur die Komödie läuft weiter, aber das ist nicht genug. Ich hätte mir einige mehr opernhafte Momente gewünscht. Man darf nicht vergessen, daß wir von dem eigentlichen Drama in den anderen Akten vollauf genug haben. Für diesen hier wünschte ich mir eine Vorlage, die mir erlaubte, mich ein wenig lyrischer zu geben.*[24] Aus solchen Bemerkungen Puccinis wird deutlich, was ihm als Ideal eines guten Opernbuches vorschwebte. Vor allem sucht er einen organischen Ausgleich zwischen dramatischen und lyrischen Szenen zu erreichen und, damit eng verbunden, einen Reichtum an Kontrasten aufzubauen. Auch hierin berührten sich seine Vorstellungen mit denen Giuseppe Verdis.

Auf Puccinis Ideen geht schließlich auch die Anlage des vierten Aktes zurück, der von den Dichtern nicht weniger als viermal vollständig neu konzipiert werden mußte. Hier besonders forderte der Komponist äußerste Knappheit, weil jedes Wort zuviel nur die Wirkung schwächen könne. Aus solchen Erwägungen heraus wurde schließlich auch ein Trinklied gestrichen, das ursprünglich für die erste Szene des letzten Aktes vorgesehen und Schaunard zugedacht war. Wie sehr Puccini auch kleinste Details im Charakter seiner Gestalten durchdachte, wie er liebevoll sprechende Einzelzüge herauszuarbeiten suchte, zeigt eindrucksvoll ein Brief an Giulio Ricordi, in dem es heißt: *Sie haben sicher auf Ihrem Schreibtisch eine Kopie des vierten Aktes. Tun Sie mir den Gefallen, sie aufzuschlagen und einen Blick auf die Stelle zu werfen, wo Mimi den Muff bekommt. — Scheint es Ihnen nicht, daß dieser Augenblick des Todes etwas armselig ist? Zwei Worte mehr, eine liebevolle Hinwendung zu Rudolf würde genügen. Es mag eine Spitzfindigkeit von mir sein, aber in dem Augenblick, wo dieses Mädchen stirbt, das mich so viel Mühe gekostet hat, würde ich wünschen, daß sie nicht gar so für*

Stammbucheintragung Puccinis mit dem Mimi-Motiv aus „La Bohème", 1916

*sich aus der Welt geht und ein bißchen auch dessen gedenkt, der
ihr so herzlich zugetan war.*[25]

Als Vorlage diente den Autoren nicht nur der Roman, sondern
auch das Schauspiel „La Vie de Bohème", das Murger gemeinsam mit dem erfolgreichen Bühnenschriftsteller Theodore
Barrière 1849 in Paris herausgebracht hatte. In ihm findet sich
ein wesentlicher Zug des Librettos bereits vorgezeichnet: die
Verschmelzung der beiden Romanfiguren Mimi und Francine
zu einer einzigen, wodurch Mimi ihren im Roman noch stark
hervortretenden grisettenhaften Charakter fast völlig verlor.
Auch die Muffepisode der Sterbeszene steht im Roman im
Zusammenhang mit Francine.

So geschickt das Libretto der Oper in vielen Einzelzügen
angelegt ist, so ist es den Autoren doch nicht restlos gelungen,
die locker komponierte Szenenfolge des Romans zu einem
wirklich zwingenden dramatischen Organismus umzuformen.
Die Akte stehen ein wenig isoliert nebeneinander, und wahrscheinlich ist das der Grund, weshalb die Autoren den Unter-
titel *Szenen aus Henri Murgers ,Vie de Bohème'* wählten. Auch
fehlt ein eigentlicher dramatischer Konflikt — die Tragik
entsteht allein aus Mimis Krankheit. Als sehr gelungen darf
man dagegen das Nebeneinander ernster und heiterer Szenen
ansehen.

Noch bevor der Text vollständig vorlag, begann Puccini mit
dem Entwurf einzelner Szenen. Zu höchster Eile wurde er
angetrieben, als sich 1894 während eines zufälligen Treffens
in einem Mailänder Café herausstellte, daß gleichzeitig mit ihm
auch Ruggiero Leoncavallo an einer „Bohème"-Oper arbeitete,
zu der er sich selbst den Text geschrieben hatte.[26] Jeder der
beiden Komponisten suchte nun dem anderen zuvorzukommen
und seine Priorität zu behaupten — das führte zum endgültigen
Abbruch der ohnehin nur losen persönlichen Beziehungen
zwischen ihnen. Leoncavallo beeilte sich, seine Oper im
„Secolo" anzukündigen, der Zeitung seines Verlegers Sonzogno, während Puccini ein Gleiches im „Corriere della Sera" tat.
Tatsächlich gelang es Puccini, seinem Rivalen mit der Uraufführung zuvorzukommen. Am 10. Dezember 1895, um
Mitternacht, beendete er seine Partitur, und bereits am
1. Februar 1896 ging das Werk am Teatro Regio zu Turin unter
Leitung des jungen Arturo Toscanini in Szene. Die Aufnahme
durch das Publikum war lau, und auch die Kritik verhielt sich

reserviert. Das wiederholte sich auch bei der nächsten Aufführung in Rom. Erst von Palermo aus, wo *Bohème* im April 1897 herauskam, begann der Siegeszug des Werkes über die Bühnen der Welt. Als Puccini ein Jahr später anläßlich der ersten französischen Aufführung in Paris war, wurde er vom Publikum stürmisch gefeiert.

Dagegen hat sich Leoncavallos „Bohème", deren Uraufführung am 7. Mai 1897 im Teatro Fenice zu Venedig stattfand, trotz anfänglichen Erfolges nicht auf den Bühnen zu behaupten vermocht. Ein Vergleich der beiden Werke ist interessant: Er zeigt, daß sich Leoncavallo in seinem selbstverfaßten Textbuch zwar strenger als Puccinis Librettisten an den Roman Murgers hielt, daß es ihm aber weit weniger gelang, eine überzeugende Formung zu finden. So fehlt schon dem Libretto die organische logische Entwicklung. Erst im zweiten Akt tritt das Paar Mimi—Rudolf stärker hervor; Mimis Untreue, bei Puccini nur zart angedeutet, wird breit ausgespielt. Es fehlt völlig der in Puccinis Libretto so glücklich wirkende Kontrast zwischen ernsten und heiteren Szenen. Entsprechend ist auch die Musik betont dramatisch gehalten — oft zeigt sie ausgeprägt veristische Züge.

Puccini und Toscanini nach der Premiere der „Bohème" (1897)

Puccinis *Bohème* dagegen empfängt ihren eigentümlichen Reiz
ganz aus jenem zarten, überaus sensiblen Lyrismus, der in
Manon Lescaut zuerst überzeugend als wichtiges Stilmerkmal
hervorgetreten war und hier nun weitergeführt und vertieft
wird. In den weich aufblühenden Kantilenen der Mimi- und
Rudolf-Szenen liegen zweifellos die bedeutendsten Momente
dieser Partitur. Sie wirken um so überzeugender, ihr Reiz um
so bestechender, als sie kontrapunktiert werden von Szenen
mit temperamentvollen Schilderungen des Lebens und Trei-
bens der Bohèmiens, so wie auch Mimi und Rudolf mit Musette
und Marcel ein Kontrastpaar gegenübergestellt ist. Diese Fülle
von Gegensätzen, die, wie wir sahen, von Puccini ausdrücklich
angestrebt wurde, zerstört keineswegs die Einheit des Werkes,
weil das Verhältnis der heiteren zu den ernsten Szenen klug
ausgewogen ist und sich die heiteren niemals verselbständigen,
sondern stets der Hintergrund bleiben, vor dem das tragische
Geschehen um Mimi und Rudolf Profil gewinnt.
Stärker als in *Manon* arbeitet Puccini in der *Bohème* mit Leit-
motiven, die nicht nur den Zweck haben, bestimmte ge-
dankliche Assoziationen im Zuhörer hervorzurufen, sondern
durch ihre häufige Wiederkehr auch den formalen Zusammen-

„La Bohème" auf der königlichen Hofoper Berlin

halt der Oper festigen müssen. Ihre dramaturgische Bedeutung prägt sich dem Hörer sehr sinnfällig ein. So durchzieht insbesondere das Thema, mit dem der Komponist das Werk beginnen läßt, die gesamte Oper: Es ist das eigentliche Thema der Bohème, und nicht zufällig entnahm es der Komponist dem *Capriccio sinfonico* aus seiner Mailänder Studienzeit, die seine eigene Bohèmezeit gewesen war.

Zweierlei ist an diesem Thema aufschlußreich: Einmal zeigt es in der jähen Steigerung und im sofortigen raschen Abklingen der aufgebauten Spannung einen für Puccini auch sonst überaus charakteristischen dynamischen Ablauf. Man kann darin zweifellos eine prägnante, gleichsam auf eine Formel reduzierte Schilderung jener Bohèmiens sehen, deren hochfliegender Idealismus rasch verebbt und ins Nichts verrinnt. Zum anderen läßt sich zeigen, daß die wichtigsten anderen Motive der Oper mit diesem Thema zusammenhängen, indem die charakteristische Folge von drei zuerst abwärts, dann aufwärts gerichteten Sekundschritten ihr gemeinsames strukturelles Gerüst bildet. Einige Beispiele aus dem ersten Akt mögen das zeigen:

Dichter-Thema (Rudolf)

Thema Schaunard

Thema Collins

Thema der Mimi

Puccini und seine
Frau in einer
Szene aus
„La Bohème"

Es ist für die Beurteilung des Werkes unerheblich, ob diese Beziehungen vom Komponisten bewußt hergestellt wurden oder, was wahrscheinlicher ist, mehr intuitiv zustande kamen. Auf alle Fälle tragen sie zur Geschlossenheit und inneren Einheitlichkeit der Oper wesentlich bei.

Das Bohème-Thema führt mitten hinein in das „fröhliche und schreckliche" Dasein dieser Dichter, Maler, Musiker und Philosophen. Das Bild ihres Lebens wird anschaulich entwickelt: zuerst im Gespräch Rudolfs und Marcels und in der Verbrennung von Rudolfs Drama, dann im Auftritt Schaunards und dessen Erzählung, wie er zu Geld kam, schließlich in der komischen Szene mit dem Hauswirt Bernard. Jeder dieser Abschnitte wird musikalisch bestritten von jeweils einem Thema, wie es überhaupt der formalen Technik Puccinis entspricht. Als der Hauswirt vertrieben, die Freunde gegangen und Rudolf allein zurückgeblieben ist, bereitet Puccini mit großer Meisterschaft die Begegnung zwischen Rudolf und Mimi vor. Mit plötzlichem Ruck — auch das eine charakteristische Eigenart von Puccinis musikalischer Dramaturgie — wendet sich die Musik von G-Dur nach dem weicheren Ges-Dur, eine erwartungsvolle Spannung breitet sich aus, bis schließlich, stimmungsmäßig wohl vorbereitet, Mimi erscheint. Es ist von überwältigender Wirkung, wie sich ihr Thema im Orchester zunächst ganz behutsam aus einer Mittelstimme herauslöst, dann von den hohen Streichern übernommen wird und wie diese Entwicklung, kaum daß sie begann, durch Mimis Hustenanfall jäh abreißt.

Diese Kleingliedrigkeit der formalen Anlage, der rasche, oft übergangslose Wechsel von kurzen Abschnitten, deren jeder von einem bestimmten Motiv beherrscht wird, ist ein wichtiges Merkmal von Puccinis musikalischer Formung.[27] Zusammen mit der überaus sensiblen, keinem Schema sich einfügenden Melodik gibt es seiner Musik jene nervöse Lebendigkeit und Farbigkeit, durch die es möglich ist, der Handlung ebenso elastisch zu folgen wie den Wandlungen der psychischen Entwicklung. Durch raschen Wechsel der Eindrücke wird die Spannung des Hörers stets wach gehalten. Überdies ermöglicht es diese mosaikhafte Anlage, auch kleinste szenische Details musikalisch nachzuzeichnen.

Natürlich birgt diese Technik die Gefahr in sich, daß über der Aneinanderreihung kleiner Abschnitte der formale innere Zusammenhang des ganzen Werkes verlorengeht. Ihn herzustellen, bedarf es deshalb gewisser Mittel, die dem Formzerfall entgegenzuwirken imstande sind. Puccini schafft sie sich einmal durch die strukturelle Abhängigkeit vieler Themen, die wir aufzeigten, zum anderen durch häufige Wiederkehr vieler Themen und Motive, die als formale Klammer wirkt, indem sie dem Hörer Orientierungspunkte schafft und Beziehungen zwischen den einzelnen Teilen des Werkes wenigstens äußerlich herstellt.

Negativ betrachtet, wäre Puccinis Art der Formbehandlung als Unfähigkeit zu charakterisieren, einen größeren Formverlauf kraft innerer musikalischer Logik aufzubauen. Dabei darf jedoch nicht übersehen werden, daß Puccini diese Eigenart mit vielen bedeutenden Musikern seiner Epoche teilt. Vor allem ist hierbei auf die französischen Komponisten des frühen 20. Jahrhunderts, insbesondere auf Claude Debussy, zu verweisen, deren Formung durch ebensolche Merkmale gekennzeichnet ist. Diese Gemeinsamkeit zeigt eindringlich, daß es nicht mangelndes Können war, das zur Preisgabe innerer musikalischer Logik nötigte, sondern daß sie ihre Wurzeln in Gemeinsamkeiten des Weltbildes haben muß. Dieses selbst war für den spätbürgerlichen Künstler atomistisch aufgelöst: Die Welt, kompliziert und undurchschaubar geworden, konnte nicht mehr in ihrer Totalität begriffen werden, sondern war nur noch unter Teilaspekten zu erfassen. Sind in der Welt keine übergreifenden Zusammenhänge mehr erkennbar, wird es auch dem Künstler zunehmend unmöglich, im Kunstwerk zwingende Bezüge herzustellen. Die Struktur des Welterlebens spiegelt sich, wie immer in der Musikgeschichte, in der Struktur des Werkes mit frappierender Deutlichkeit wider.

Kehren wir zur Liebesszene des ersten Aktes zurück, deren Anfang Anlaß für unsere grundsätzlichen Bemerkungen zu Puccinis Formgebung bot — sie ist in ihrer psychologischen Feinheit und ihrem lyrischen Schmelz, in der keusch verschämten Zurückhaltung jedes allzu offenen Gefühlsausbruchs zweifellos

„La Bohème" an der Komischen Oper Berlin (1952)

eine der großen Szenen der italienischen Oper überhaupt und auch von Puccini selbst niemals übertroffen worden.

Der zweite Akt der *Bohème* kommt mit weniger thematischem Material aus als der erste, dafür gibt er ein turbulentes, buntes, an Kontrasten reiches Bild des Lebens im weihnachtlichen Paris, aus dem als musikalischer Höhepunkt der Walzer herausragt, mit dem Musette erstmals die Bühne betritt. Zuerst von ihr allein gesungen, dann durch den Hinzutritt der anderen Stimmen zum Sextett gesteigert, atmet dieses berühmte Stück einen unvergleichlichen, echt Pariser Charme.

Was Puccini in *Manon* noch nicht einmal erstrebte, ist ihm hier vollendet gelungen: Er hat in der leicht parfümierten Mondänität dieser Musik französische Atmosphäre eingefangen, ohne seinen persönlichen Stil deswegen aufzugeben. Es ist in diesem Zusammenhang aufschlußreich, daß ein so kompetenter Beurteiler wie Claude Debussy das französische Element in Puccinis Musik ausdrücklich hervorgehoben hat. In einem Gespräch mit dem spanischen Komponisten Manuel de Falla soll er gesagt haben: ,,Wenn man sich nicht festhielte, würde man hinweggefegt von der reinen Verve dieser Musik. Ich kenne niemanden, der das Paris dieser Zeit so gut beschrieben hat wie Puccini in ,La Bohème'."[28] Wenn sich diese Äußerung auch auf die Oper insgesamt bezieht, so besteht doch kein Zweifel darüber, daß im Walzer der Musette französisches Kolorit besonders deutlich zutage tritt, obwohl diese Walzermelodie schon mehrere Jahre vor Beginn der Arbeit an *La Bohème* während einer Jagdpartie auf dem See bei Torre del Lago entstand. Puccini notierte sie zunächst in Form eines kleinen Klavierstücks und benutzte sie dann für eine Gelegenheitskomposition anläßlich des Stapellaufs eines Kriegsschiffes in Genua. Noch vor der endgültigen Vollendung des Librettos kam dann Puccini die Idee, diese Walzermelodie in das zweite Bild der *Bohème* einzufügen und Giacosa passende Verse dazu erfinden zu lassen.

Die Einbeziehung vorgeformten musikalischen Materials, sei es eigener oder fremder Herkunft, in seine Opern ist eine bezeichnende Eigenart der puccinischen Schaffensweise, auf die wir schon mehrmals hinweisen konnten. Sie beschränkt sich in der *Bohème* nicht auf die Übernahme des Hauptthemas und dieses Walzers, sondern zeigt sich überdies in der Benutzung eines französischen Marsches aus der Zeit König Louis Philippes am Schluß des zweiten Bildes.

Auch der Schlußgesang des dritten Bildes, *Addio, dolce svegliare,* ist eine Entlehnung: Hier griff Puccini auf ein Lied *Sole e amore* zurück, das er 1888 für eine Musikzeitschrift geschrieben hatte.

Ad-di-o, dol-ce sve-glia-re al-la mat-ti-na!

Der Beginn des dritten Bildes gibt ein außerordentlich ein-
drucksvolles Stimmungsbild. Die frostklirrende Öde eines
Wintermorgens vor den Toren von Paris wird durch die trostlos und müde herabsinkenden Quintparallelen der Flöten über
einem beharrlich festgehaltenen Tremolo der Streicher in
einem Klangsymbol von bestechender Einfachheit und
zwingender Kraft beschworen.

Es unterliegt keinem Zweifel, daß Puccini hier und an äh-
lichen Stellen Anregungen des französischen Impressionismus
verarbeitet hat, für dessen Harmonik Parallelverschiebung von
Intervallen und ganzen Akkorden höchst typisch ist.[29] Sie gibt
der impressionistischen Musik jenen Charakter des Gleitenden,
Undynamischen und Spannungslosen, der immer wieder auf-

fällt. Puccini hat sich dieser damals sehr neuartigen, die Tonalität stark trübenden Kompositionstechnik niemals grundsätzlich verschrieben, sondern sie fast immer, so wie hier, mit bestimmten Ausdrucks- oder Charakterisierungsabsichten verwendet.

Insgesamt ist das dritte Bild nicht nur stimmungsmäßig, sondern auch in seinem dramaturgischen Aufbau ein Meisterwerk — es sei nur darauf hingewiesen, wie überlegen Puccini in dem abschließenden Quartett die beiden Liebespaare Mimi-- Rudolf und Musette—Marcel gegeneinander kontrapunktiert, wie der Kontrast ihres Verhaltens auch seiner Musik Reichtum und Lebendigkeit gibt.

Das Schlußbild schließlich benutzt fast ausschließlich das thematische Material des ersten.[30] Das dient einmal der formalen Abrundung und Geschlossenheit, zum anderen ist dieser Rückgriff aber auch psychologisch begründet, lebt doch das letzte Bild vor allem von Reminiszenzen an die glückliche Vergangenheit. Es ist sehr aufschlußreich, wie die Motive des ersten Bildes, besonders des Liebesduetts, hier in neuen Zusammenhängen noch einmal zum Klingen gebracht werden. Der so ganz unheroische Tod der kleinen Stickerin, ihr stilles Verlöschen, wird unendlich zart von den Klängen begleitet, mit denen Rudolf zu Beginn der Oper um ihre Liebe warb.

Bühnenbild zur Uraufführung von „La Bohème" (3. Bild)

Mimi *(mit verlöschender Stimme)*

Qui a-mor... sem pre con te!... Le ma-ni

pppp *rall. e morendo sempre*

al cal-do   e_   dor-mi-re...

Wahrscheinlich wurde die Todesszene der *Bohème* dem Vorbild von Verdis „Traviata" nachgeformt: Dennoch wird sich niemand ihrem ganz einmaligen Reiz zu entziehen vermögen, niemand wird aber auch die persönliche Ergriffenheit von diesem Schicksal überhören können, die dem Komponisten hier die Feder führte.

Die Eindringlichkeit, mit der die Todesszene der Mimi gestaltet ist, darf freilich nicht den Blick auf die eigentliche Aussage des Werkes verstellen. Gelingt es aber einer Inszenierung, sich nicht in Sentimentalität zu verlieren, sondern die gesellschaftlichen Hintergründe des Stoffes transparent zu machen, so erweist sich *La Bohème* immer wieder als ein bedeutsames Werk des realistischen Musiktheaters.

Wenn wir das französische Kolorit dieser Oper hervorheben konnten, so ist das um so erstaunlicher, als Puccini zu der Zeit, als er an *La Bohème* arbeitete, Paris noch nicht aus eigenem Erleben kannte. Ende April 1898 reiste er in Begleitung Tito Ricordis zum ersten Male in die französische Hauptstadt, um die Proben zur Erstaufführung zu überwachen, die am 13. Juni stattfand. Obwohl Puccini mit der Aufführung sehr zufrieden war, obwohl ihn das Publikum stürmisch feierte, fühlte er sich von der Atmosphäre der Großstadt gelähmt und bedrückt. Sehr

Puccini und Tito Ricordi

bezeichnend heißt es in einem Brief an Giulio Ricordi vom 15. Mai: ... *Ich kann hier nicht arbeiten. Meine Nerven leiden unter der ständigen Aufregung, und ich habe die Ruhe nicht, die ich brauche. Eine Einladung zu einem Essen macht mich für eine Woche krank ...*[31] Und einige Tage vorher, am 10. Mai, gab er in einem Brief an einen Freund in Lucca seine Abneigung gegen das Leben in der Stadt in Worten kund, die wie ein Bekenntnis klingen und ein bezeichnendes Licht auf seinen Charakter werfen:
Lieber Caselli,
ich bekomme nicht jeden Tag Briefe von Dir, und das ist schlecht. Du verläßt mich in diesem mare magnum?
Ich bin krank von Paris. Ich sehne mich nach den Wäldern mit ihrem herben Duft, ich sehne mich nach der Bewegungsfreiheit meines Bauches in den weiten Hosen und ohne Weste, ich sehne mich nach dem Wind, der frei und süß vom See her weht, ich möchte aus vollen Lungen die salzige Luft atmen!

    Ich hasse das Pflaster!
    Ich hasse Paläste!
    Ich hasse große Städte!
    Ich hasse Säulen!

Ich liebe die herrlichen Säulen der Pappel und Tanne, die schattigen Lichtungen, wo ich, wie ein moderner Druide, meinen Tempel, mein Haus, mein Studierzimmer haben möchte. Ich liebe die grünen, kühlen Laubdächer in alten und jungen Wäldern. Ich liebe die Amseln, den Dompfaff, den Specht! Ich hasse das Pferd, die Katze, die Sperlinge und das Schoßhündchen! Ich hasse den Dampfer, den Seidenhut und den Frack![32]

Tosca

Auch nach der Uraufführung der *Bohème* begann wieder, wie stets bei Puccini, eine Zeit quälender Untätigkeit und eines nervenaufreibend-hektischen, oft plan- und ziellosen Suchens nach einem neuen Opernstoff. Verschiedene Werke traten in den Gesichtskreis, besonders solche der französischen Literatur: so Émile Zolas Roman „Die Sünde des Abbé Mouret", der wegen der unverhüllten Schilderung der erotischen Anfechtungen eines jungen Priesters in katholischen Kreisen stark angefeindet wurde. Das Schauspiel „Pelléas et Mélisande" des belgischen Symbolisten Maurice Maeterlinck, eine freie Variation des Tristan-Stoffes, fesselte Puccini so sehr, daß er eigens nach Gent reiste, um sich der Einwilligung des Dichters zur Vertonung des Dramas zu versichern. Maeterlinck empfing den jungen, berühmten Komponisten der *Bohème* außerordentlich zuvorkommend, konnte ihm aber die Erlaubnis nicht geben, weil er die Rechte zur Vertonung bereits Claude Debussy versprochen hatte. Aus demselben Grund zerschlug sich das Projekt einer Oper nach Zolas Roman: Hier war es Jules Massenet, der Puccini zuvorgekommen war.

Nachdem schließlich auch noch ein drittes Projekt, der Plan einer Oper um die letzten Tage der französischen Königin Marie Antoinette, zunächst beiseite gelegt worden war — er hat Puccini dann noch mehrere Jahre gelegentlich beschäftigt —, konzentrierte sich seine Aufmerksamkeit immer mehr auf das Schauspiel „La Tosca" des französischen Dramatikers Victorien Sardou, das dieser 1887 für die berühmte Schauspielerin Sarah Bernhardt geschrieben hatte. Puccini kannte es schon längere Zeit: Bereits 1887 hatte er in Mailand einem Gastspiel der französischen Tragödin beigewohnt, und obwohl er nicht viel Französisch verstand, hatte sein untrüglicher Theaterinstinkt die Eignung des Stückes für die Opernbühne sofort erkannt. Damals schrieb er in einem Brief an Giulio Ricordi: *In dieser ‚Tosca' sehe ich die Oper, die mir genau gemäß ist, eine Oper ohne übermäßige Ausdehnung, die wirkungsvolles*

Theater ist und Gelegenheit für eine Fülle von Musik bietet.[33]
Dennoch war dieser Plan bald wieder aufgegeben worden: ob
Sardou dem jungen, unbekannten Komponisten die Erlaubnis
verweigerte oder ob dieser selbst das Interesse an dem Stoff
verlor, wissen wir nicht. Jetzt jedenfalls, nach der Vollendung
der *Bohème,* wurde die Erinnerung an jene Schauspielauffüh-
rung in ihm wieder lebendig. Sein Interesse wuchs, als er erfuhr, daß sich der greise Verdi sehr günstig über Sardous
Drama ausgesprochen und erklärt hatte, er selbst würde das
Werk komponieren, wenn er nicht zu alt wäre und wenn ihm
Sardou eine Änderung des letzten Aktes gestattete. Den
Ausschlag gab schließlich, daß der mit seinen Erstlingswerken
recht erfolgreiche Komponist Alberto Franchetti sich für das
Stück interessierte und Luigi Illica bereits an einem Textbuch
für ihn arbeitete. Jetzt, wo ein anderer ihm mit diesem eminent
dramatischen Stoffe zuvorzukommen drohte, reagierte Puccini
sofort: Er ließ Franchetti durch Illica und Ricordi überreden,

Puccini in
Jagdkleidung

auf die „Tosca" zu verzichten, was ihm wider Erwarten rasch gelang, weil diesem inzwischen Zweifel an der Eignung des Stoffes für eine Oper gekommen waren. Einen Tag, nachdem Franchetti endgültig zurückgetreten war, unterschrieb Puccini einen Vertrag mit Ricordi über seine nächste Oper: *Tosca*.

Das Libretto sollte wieder in Gemeinschaftsarbeit von Illica und Giacosa entstehen. Illica hatte sich ja bereits im Auftrage Franchettis mit dem Stück befaßt, und sein Entwurf konnte als Grundlage dienen. Dagegen war es diesmal außerordentlich schwer, Giacosa für den Stoff zu erwärmen, der ihn wegen des Fehlens lyrischer, poetischer Momente für nicht operngemäß hielt. Seine Einwände, die er in Briefen an Ricordi breit darlegte, zielen tatsächlich auf Schwächen des dramaturgischen Aufbaus. So heißt es am 23. August 1896: „Je mehr man die Handlung jeder Szene studiert und lyrische und poetische Momente herauszuziehen versucht, desto mehr wächst die Überzeugung von der absoluten Unübertragbarkeit auf die musikalische Bühne. Ich bin froh, daß ich Ihnen das nun gesagt habe, weil ich sicher bin, daß ich in der Zukunft Gelegenheit haben werde, Ihnen diesen Brief wieder ins Gedächtnis zu rufen. Der erste Akt besteht aus nichts als Duetten. Nichts als Duette im zweiten Akt (ausgenommen die kurze Folterungsszene, in der aber nur zwei Personen auf der Bühne zu sehen sind). Der dritte Akt ist ein endloses Duett."[34] Hätte *Bohème* — so erklärte er ein andermal — viel Poesie und wenig Handlung gehabt, so zeige sich hier das Gegenteil: wenig Poesie und viel Handlung.

Trotz dieser grundsätzlichen Bedenken erklärte sich Giacosa aber schließlich doch zur Mitarbeit bereit.

Nachdem das Libretto Gestalt angenommen hatte, galt es noch, sich mit Sardou in Verbindung zu setzen und dessen Erlaubnis zur Vertonung wie zu den Veränderungen einzuholen, die am Aufbau des Werkes vorgenommen worden waren. Im Januar 1898 reiste Puccini zur französischen Erstaufführung der *Bohème* nach Paris und besuchte bei dieser Gelegenheit zusammen mit den Librettisten den Dichter. Sardou war ein außerordentlich produktiver Bühnenschriftsteller, der fast alljährlich ein Schauspiel auf die Bühne brachte und die Wirkungsmöglichkeiten des Theaters souverän beherrschte. Dennoch ist der Vorwurf bloßer äußerlicher Effekthascherei und billigen Nervenkitzels, der seinen Werken oft gemacht wurde, zumindest gegenüber manchen seiner Stücke ungerecht. Häufig hat er geschichtliche und politische Themen aufgegriffen und sich um eine im ganzen wahrheitsgetreue Darstellung der Situationen bemüht. Seinem Freunde Arnaldo Fraccaroli hat Puccini eine lebendige Schilderung des temperamentvollen Mannes gegeben:

Dieser Mensch war ein Wunder. Er war mehr als 70 Jahre alt, und doch pulsten in ihm Energien und Flinkheit eines jungen Mannes. Er war ferner ein unermüdlicher, sehr interessanter Plauderer. Oft sprach er ganze Stunden, ohne jemals müde zu werden oder andere zu ermüden. Wenn er eine Geschichte zu erzählen begann, war er wie ein Wasserfall, eine sprudelnde Quelle: die Anekdoten sprühten hell und unerschöpflich. Manche unserer Sitzungen bestanden bloß in einfachen Monologen Sardous. Trotzdem zeigte er sich sofort nachgiebig und bekannte sich leicht zur Notwendigkeit, einen Akt zu unterdrücken und das Bild des Kerkers mit jenem der Erschießung zu vertauschen. Auch gefiel ihm ganz gut die Einrichtung, die ihm Giacosa und Illica in den schematischen Linien zeigten. Aber auf einem Punkt wollte er unbedingt bestehen, auf der Möglichkeit, daß Tosca, sobald sie sich von der Engelsburg herabstürzt, in den Tiber fällt.

Bühnenbild von der Uraufführung der ,,Tosca" (3. Bild)

‚Das ist nicht möglich, Meister‘, sagte ich ihm. ‚Der Tiber ist zu weit entfernt.

‚Warum ist das nicht möglich?‘ begann Sardou zu schreien, dem offenbar diese Worte nicht sehr vertraut waren.

Und vor unseren Augen entfaltete er eine riesige topographische Karte von Rom, um uns zu überzeugen. Sein Eifer war dabei derart und die Furcht, daß wir ihn vielleicht unterbrechen könnten, so lebhaft in ihm, daß er nach einer Viertelstunde des Disputes, da ihm die Kehle ausgebrannt war und er trinken mußte, während er in größter Eile das Glas zu seinen Lippen führte, in einer Art Blutaufwallung mit der einen freien Hand uns ein Zeichen machte, zu schweigen und ihn nicht zu unterbrechen, da er noch nicht geendet hätte. Und kaum hatte er ein wenig Wasser zu sich genommen, dann ging's von neuem los. Er war ein sonderbarer Kauz.[35]

Trotz Sardous grundsätzlichem Einverständnis zogen sich die Verhandlungen mit ihm ziemlich in die Länge. Schuld daran trug vor allem die ungewöhnlich hohe Summe von 50 000 fr, die er im voraus für die Rechte der Einrichtung des Dramas zum Operntext forderte. Erst nach langem Zureden begnügte er sich mit 15 Prozent der Tantiemen, wie es den Gepflogenheiten entsprach.

Puccini hat in seinem Bericht die wichtigsten dramaturgischen Änderungen bezeichnet, die seine Librettisten nach seinen Wünschen an Sardous Stück vornahmen: Die beiden mittleren Akte des Schauspiels wurden zu einem zusammengezogen, und an die Stelle des ursprünglich am Schluß stehenden Kerkerbildes trat die Szene der Erschießung. Der Komponist hat aber darüber hinaus auch diesmal wieder auf viele Einzelheiten der szenischen und textlichen Gestaltung eingewirkt und immer wieder Änderungen, Striche, Austausch einzelner Verse von seinen Mitarbeitern gefordert. Einige dieser Änderungswünsche sind bekannt geworden: Sie erlauben interessante Rückschlüsse auf seine musikdramatischen Absichten. So sollte nach der ersten Fassung des Textbuches Cavaradossi während der Folterung eine regelrechte Arie singen, die durch die Stimmen Toscas, Spolettas und des Richters zu einem Quartett ergänzt wurde. Hier verlangte Puccini eine knappere und packendere Fassung. Im letzten Akt war Cavaradossi zuerst unmittelbar vor der Erschießung eine große Hymne zugedacht, die von seiner Liebe zur Kunst, zum Vaterland und von seinen Hoffnungen sprach. Eine solche verallgemeinernde Arie erschien Puccini zweifellos zu rhetorisch, der bedrückenden Qual dieser Situation unangemessen. Er wollte sie ersetzt haben durch eine menschlich unmittelbar ergreifende Erinnerung an die Geliebte. Das berühmte *Und es blitzen die Sterne,* das in den von Puccini selbst stammenden Worten *muoìo disperata — ich sterbe in Verzweiflung —* gipfelt, entsprach weit mehr seinem Willen zur Ausschöpfung der letzten seelischen Tiefen dieser Situation. Fraccaroli berichtet, daß der greise Verdi, der bei der Vorlesung der ersten, noch für Franchetti bestimmten Fassung des Librettos im Pariser Hause Sardous zugegen war, gerade von dem hier ursprünglich vorgesehenen Text tief beeindruckt war.[36] Er habe, ungemein erregt, dem Librettisten das Heft entrissen und begonnen, selbst jene Verse mit zitternder Stimme vorzulesen. Vielleicht wirft die so sehr gegensätzliche Haltung der beiden großen italienischen Opernkomponisten ein und derselben Textstelle gegenüber ein bezeichnendes Licht auf die unterschiedlichen Positionen ihrer Kunst. Verdi, der trotz seiner realistischen Haltung, oder vielleicht gerade wegen ihr, stets auf die Überhöhung seiner Kunst ins Allgemeingültige, Umfassende bedacht war, bemaß die Wahrheit einer Szene nicht nach ihrer äußeren Wahrscheinlichkeit. Für ihn war es keine bloß rhetorische Phrase, sondern innere Notwendigkeit, wenn ein vor seinem Tode stehender Mensch in einer Abschiedsarie alles das, was seinem Leben Sinn gegeben hatte, zusammenfaßt. Puccini dagegen sieht den Menschen weit mehr allein in seiner einmaligen, momentanen Situation; und im tiefen Erleiden der Gegenwart hat die Reflexion auf das Allgemeine und Vergangene keinen Raum.

Als das Libretto in enger Zusammenarbeit zwischen Puccini, Sardou und den beiden Librettisten schließlich seine endgültige Fassung erhalten hatte, zog sich der Komponist nach Torre del Lago zurück und vertiefte sich in die Arbeit. Auch diesmal waren Teile der Musik bereits skizziert worden, bevor der Text vollständig vorlag. Ende September 1899 war das Werk nach insgesamt fast dreijähriger Arbeit beendet.

Puccini schickte die Partitur an seinen Verleger und war sehr überrascht, von Ricordi wenige Tage später einen Brief zu bekommen, der mit dem letzten Akt der Oper außerordentlich temperamentvoll und schonungslos ins Gericht ging. Sein Urteil ist sicher auch heute noch interessant, denn es enthält

bei aller Rigorosität der Ablehnung doch einen Wahrheitskern.
„Der dritte Akt" — so schrieb Ricordi —, „wie er jetzt vorliegt,
ist in bezug auf Konzeption und Ausführung ein schwerer
Irrtum ... er würde den glänzenden Eindruck des ersten Aktes
zunichte machen ... und ebenso die überwältigende Wirkung,
die der zweite Akt hervorbringt, der ein wirkliches Meister-
stück von dramatischer Kraft und tragischem Ausdruck ist!
... Was das Duett zwischen Tosca und Cavaradossi (im letzten
Akt) betrifft, so ist es unvollkommene Musik, Musik von
geringem Atem, die die Charaktere zu Zwergen werden läßt
... Ich finde, daß eine der poetisch schönsten Stellen — das
‚O dolci mani‘ (‚O süße Hände‘) — von weiter nichts als einer
kurzatmigen und anspruchslosen Melodie begleitet wird, die,
um die Sache noch schlimmer zu machen, aus ‚Edgar‘ kommt
... großartig, wenn sie von einer Tiroler Bäuerin gesungen
wird, aber fehl am Platze im Munde von Tosca und Cavaradossi. Kurz: dieses Duett, welches ein Hymnus sein sollte,

wenn schon kein lateinischer Hymnus, so doch einer auf die Liebe, ist auf ein paar magere Takte reduziert. Wo ist der Puccini der edlen, warmen und starken Inspiration?"[37]
Ebenso interessant wie dieser Brief Ricordis ist Puccinis Antwort; nicht minder temperamentvoll verteidigt er, vor allem unter Hinweis auf die szenische Situation, sein Werk:

Liebster Herr Giulio,

Ihr Brief war für mich eine große Überraschung. Ich stehe immer noch unter seinem Eindruck. Alles in allem: ich bin sicher und überzeugt, daß Sie Ihre Meinung ändern würden, wenn Sie den letzten Akt noch einmal läsen. Es ist kein Stolz von mir, nein, es ist die Überzeugung, dem Drama, das mir vorlag, Leben gegeben zu haben, so gut ich es vermochte. Sie wissen, wie gewissenhaft ich bin, wenn es um die Interpretation der Situation oder der Worte geht, und wie wichtig es ist, hierin der Sache auf den Grund zu gehen. Ihr Vorwurf, daß ich ein Stück aus ,Edgar' entnommen habe — das kann von Ihnen oder von den paar Leuten beanstandet werden, die fähig sind, es wiederzuerkennen, und man sollte es als ein arbeitssparendes Prinzip ansehen. Wo es jetzt steht, scheint es mir erfüllt von jener Poesie, die von den Worten ausstrahlt. O ich bin da ganz sicher, und auch Sie werden überzeugt sein, wenn Sie es dort hören, wo es hingehört: im Theater. Was den fragmentarischen Charakter angeht, so war er Absicht: diesem Liebesduett liegt keine einheitliche und ruhige Situation zugrunde, wie es in anderen Liebesduetten der Fall ist. Toscas Gedanken kehren immer wieder zurück zur Notwendigkeit, daß Marios Fallen gut gespielt und sein Verhalten den Schützen natürlich erscheinen muß. Wegen des Schlusses des Duettes habe auch ich meine Zweifel — aber ich hoffe, daß es im Theater herauskommt — vielleicht sogar sehr gut.[38]

Dieser Brief scheint Ricordi überzeugt zu haben, daß Puccinis Standpunkt wohldurchdacht und begründet war. Jedenfalls hat der Komponist danach keine Zeile seiner Partitur mehr geändert. Als Uraufführungsort war Rom von Ricordi ausersehen worden, weil die Handlung der Oper in Rom spielte und er sich deshalb einen von Lokalpatriotismus hochgetriebenen Erfolg versprach. Am 14. Januar 1900 ging *Tosca* im Teatro Costanzi unter Leitung von Leopoldo Mugnone zum ersten Male in Szene. Die Aufführung verlief unter merkwürdig erregenden Umständen. Schon mehrere Tage vor der Premiere hatten einzelne Künstler anonyme Drohbriefe bekommen, und unmittelbar vor Beginn der Vorstellung wurde

Adelina Patti
als Tosca

im Theater plötzlich das Gerücht laut, daß während der Aufführung eine Bombe explodieren würde. Es gehört nicht viel Phantasie dazu, sich die Nervosität des Dirigenten Mugnone vorzustellen, der von diesem Gerücht durch die Polizei in Kenntnis gesetzt worden war. Glücklicherweise ging die Vorstellung jedoch ohne nennenswerte Störungen über die Bühne.

Die Hintergründe dieser Vorgänge sind bis heute nicht aufgehellt worden. Es mag naheliegend sein, daß jemand, der Puccini seine Erfolge neidete, zu diesem Mittel griff, um die Uraufführung durch eine möglichst nervöse Atmosphäre zu belasten. Doch verdient auch Mosco Carners Hinweis auf die allgemeine politische Erregung Interesse, die nach dem verlorenen abessinischen Krieg 1896 weite Teile der Halbinsel ergriffen hatte[39]. Wie überall in Europa verschärften sich auch in Italien mit der fortschreitenden Wandlung des Kapitalismus zum Imperialismus die inneren Widersprüche der spätkapitalistischen Gesellschaft: Unruhen in den oberitalienischen

Tosca, 1. Akt (Autograph)

Industriezentren, die von der Regierung brutal unterdrückt
wurden, die Auflösung des Parlaments durch ein königliches
Dekret im Juni 1899, mehrere Attentatsversuche auf König
Umberto I., deren letzter im Juli 1900 erfolgreich war — das
alles sind äußere Zeichen dieses Gärungsprozesses. Bedenkt

Figurinen zur Uraufführung der Tosca

man, daß zur Uraufführung der *Tosca* Königin Margherita erwartet wurde — sie erschien allerdings erst nach der Pause —, so wird es tatsächlich wahrscheinlich, daß jene Gerüchte von einem geplanten Bombenattentat aus der politischen Situation heraus besser zu erklären sind als aus künstlerischer Rivalität.

Die Aufnahme des neuen Werkes durch das Publikum war
freundlich, die Kritik verhielt sich — mit Ausnahme des
„Corriere della Sera" — reserviert. Trotzdem schlossen sich an
die Uraufführung sofort zwanzig weitere Vorstellungen im
Teatro Costanzi an, und mehrere andere italienische Theater
spielten die Oper sofort nach. Die ersten ausländischen Aufführungen fanden wenig später in Buenos Aires und London
statt.

Tosca ist die einzige Oper Puccinis, deren Geschehen sich vor dem Hintergrund realer, nach Tag und Ort genau fixierbarer historischer Ereignisse abspielt, nämlich am Tage der Schlacht von Marengo, dem 14. Juni 1800. Als die Heere des revolutionären Frankreich gegen Ende des 18. Jahrhunderts unter Führung des jungen Generals Napoleon Bonaparte in die Halbinsel einfielen und die verhaßten habsburgischen Herrscher vertrieben, entstanden auf italienischem Boden eine Reihe bürgerlicher Republiken nach französischem Vorbild. Freilich war ihre Existenz nur von kurzer Dauer: Schon wenig später eroberten die Österreicher die verlorenen Gebiete zurück, wobei es ihnen zustatten kam, daß Napoleon durch seine ägyptischen Unternehmungen die Hände gebunden waren. Aber trotz aller Unterdrückung, die nun unter der erneuerten habsburgischen Herrschaft einsetzte, wirkte in der jungen fortschrittlichen Intelligenz Italiens die Erinnerung an jene kurze Zeit republikanischer Freiheit sehr stark als Ansporn zu revolutionärer Aktivität, sowenig man sich darüber hinwegtäuschen konnte, daß jene Republiken nur der französischen Eroberung ihre Existenz zu verdanken hatten. Aus dieser Situation ist es zu verstehen, daß der neuerliche Sieg Napoleons über die Österreicher bei Marengo von der jungen italienischen Intelligenz begeistert begrüßt wurde.

Der Maler Mario Cavaradossi, Sohn eines italienischen Philosophen und einer Französin, ist solch ein dem Fortschritt verschworener, von den Ideen der Aufklärung durchdrungener „Voltairianer", der sich in jener Zeit der Reaktion gewissermaßen zur Tarnung seiner Gesinnung bereit gefunden haben mag, in der Kirche Sant'Andrea della Valle ein Bild der Maria Magdalena zu malen. Aber er verrät seine wirklichen Anschauungen, indem er dem Konsul der ehemaligen römischen Republik, Angelotti, bei dessen Flucht aus den Fängen des berüchtigten Polizeichefs Scarpia hilft, und er bezahlt diese mutige Tat und sein offenes Bekenntnis zur Freiheit schließlich mit dem Tode.

Ganz anders nach Herkunft und Charakter ist Tosca. Sie stammt aus kärglichen Verhältnissen, war Ziegenhirtin, bevor man sie aus Mitleid in ein Kloster aufnahm und zu strenger Gläubigkeit erzog. Hier entdeckte man ihre Stimme und ließ sie ausbilden: Bereits mit sechzehn Jahren war sie als Sängerin berühmt. Aber aller Glanz der verwöhnten Primadonna ver-

Caruso als
Cavaradossi
(New York 1903)

mochte nicht ihre Ergebenheit gegenüber der Kirche und ihrer Hierarchie zu erschüttern, der sie auch mit ihrer Kunst zu dienen glaubte.

Diese zwei so sehr unterschiedlichen Charaktere verbindet eine starke Liebe, und sie allein überbrückt die Gegensätze, die sonst unvereinbar wären. Ihretwegen trägt Tosca die Schuld, die nach ihrer Anschauung auf sie fällt durch das nicht kirchlich legalisierte Zusammenleben mit einem Manne, der mit der Religion gebrochen hat. Und im Kampf für ihre Liebe und die Rettung des Geliebten wächst sie schließlich über sich selbst hinaus, gewinnt sie die Kraft zu einer Tat, die sie im Sinne ihrer strengen Gläubigkeit vollends schuldig macht, mit der sie aber ihr Glück zu retten sucht. Und die tiefe Tragik ihres Schicksals liegt darin, daß sich ihr Gegenspieler Scarpia schließlich doch als der Stärkere erweist und über seinen Tod hinweg Sieger bleibt.

Man muß freilich auf Sardous Schauspiel zurückgreifen, wenn man sich Herkunft und geistige Entwicklung Toscas und Cavaradossis, aus denen sich ihre unterschiedliche Weltanschauung ergibt, in aller Klarheit vor Augen führen will. In Puccinis Oper sind diese Momente gewiß nicht völlig eliminiert, wie auch gegenüber Sardou kein Charakter grundlegend verändert ist, aber sie werden doch weit weniger akzentuiert als im Schauspiel. Ein Grund dafür ist zweifellos in den Gesetzen des Opernlibrettos und der Nötigung zu möglichster Knappheit zu suchen, die es insbesondere verbietet, die Vorgeschichte der handelnden Personen allzubreit auszumalen. Doch scheint es auch, als ob es Puccini um die Begründung der Charaktere aus der geschichtlichen Situation nicht in erster Linie zu tun gewesen war. Der zeitgeschichtliche Hintergrund sollte nur als solcher wirken; vor ihm entfaltet sich das Drama der Menschen, auf das es ihm allein ankommt. Deshalb waren viele historische Details entbehrlich. Die Bedrohung der Liebe durch den brutalen Mißbrauch der Macht — das ist das eigentliche Thema der Oper, und indem es Puccini gestaltet, stößt er aus der Begrenzung eines einmaligen historischen Vorgangs ins Allgemeine vor.

Gerade dies aber scheint für die Beurteilung der Oper wichtig, ist es doch zu einer landläufigen, oft gedankenlos nachgesprochenen Ansicht geworden, *Tosca* sei diejenige Oper Puccinis, in der er am stärksten in den Bann naturalistischer Tendenzen geraten sei und sich völlig dem Verismo verschrieben habe. Dies bedarf heute um so mehr einer kritischen Überprüfung, als die Abgrenzung zwischen naturalistischer und realistischer künstlerischer Position ohnehin nicht immer leicht und eindeutig möglich ist, da zahlreiche traditionell dem Naturalismus zugerechnete Werke wesentliche realistische Züge zeigen. Hinsichtlich *Tosca* wird zur Begründung dieser Einordnung gewöhnlich auf die vielen brutalen, nervenaufregenden Situationen verwiesen, die sich in dieser Oper finden: die Folterung Cavaradossis, seine Erschießung auf offener Szene, die grausame seelische Marterung und Erpressung Toscas durch Scarpia. Es ist nicht zu leugnen, daß keine andere Oper Puccinis so viele effektvoll-theatralische Momente aufweist wie diese — würde das jedoch genügen, sie dem Verismo zuzuordnen, so wäre ein wesentlicher Teil der Weltdramatik von der Antike über Shakespeare bis zur Gegenwart ebenso als naturalistisch zu etikettieren. Bedient sich ein Dramatiker theatergemäßer, wenn auch vielleicht vordergründiger Mittel, so wird er dadurch noch nicht zum Naturalisten, wie überhaupt niemals die äußeren Mittel entscheidend sein können für die Zuordnung eines Werkes zu einem Stil als einer Methode zur künstlerischen Realisierung eines Weltbildes. Maßgebend ist vielmehr die geistige Haltung, in der die Wahl der Mittel begründet ist: diese aber ist gerade im Fall der *Tosca* eindeutig eine realistische, und zwar ganz im Sinne jener Definition, die Friedrich Engels in einem berühmten Brief an Miß Harkness gegeben hat, wo er Realismus als Darstellung typischer Menschen in typischen Situationen bestimmte. Es geht in *Tosca* nicht um ein zufälliges Einzelschicksal, sondern um einen Vorgang von weitreichender und symptomatischer Bedeutung für eine Gesellschaftsordnung, in der das Glück des einzelnen durch den brutalen Zugriff der Macht zerstört werden kann.

Der dramatischere Stoff der *Tosca* bedingte gegenüber *La Bohème* natürlich in vielen Szenen eine härtere, zupackendere musikalische Handschrift; sie hat sich Puccini in diesem Werke erstmals erarbeitet. Die Skala der Ausdrucksmöglichkeiten, über die der Komponist verfügt, ist hier wesentlich verbreitert, und die Bereicherung erstreckt sich in erster Linie nach der Seite des Grellen und Leidenschaftlichen. Herrschte in *La Bohème* fast durchweg lyrischer Ausdruck vor, so ist in *Tosca* das lyrische Element nur eines unter anderen. Das Neuartige dieser Partitur liegt vor allem in jener harten, häufig das Brutale streifenden Klangwelt, die zur Charakterisierung Scarpias und seiner Sphäre dient. Auf die knappste Formel gebracht, erscheint sie in dem Scarpia-Motiv, einer von B-Dur über As nach E-Dur führenden Akkordfolge, die das Werk als eine Art Motto eröffnet:

Andante molto sostenuto

Vivacissimo con violenza

An diesem Motiv ist nicht nur interessant, daß es harmonisch auf der Ganztonleiter beruht, sondern vor allem auch die maskenhafte Starrheit seines Ausdrucks. Es ist kein entwicklungsträchtiges musikalisches Thema, das sich fortspinnen oder umformen ließe, sondern eine musikalische Chiffre von erschreckender Leblosigkeit, die gerade wegen ihrer Starre das Bedrohlich-Inhumane in Scarpias Charakter suggestiv verdeutlicht. Ganz folgerichtig läßt es Puccini gleichsam isoliert dem Werke voranstehen und springt dann, wie es seiner mosaikhaften Formbehandlung ohnehin entspricht, sofort, ohne Übergang in das synkopierte Thema des gehetzten Flüchtlings Angelotti.

Wie in *La Bohème* durch den Hauswirt Bernard, erhält der erste Akt der *Tosca* durch die Figur des Messner einige leicht komische Tönungen, die zweifellos als Kontrast bewußt eingefügt sind, und zwar sowohl gegen die zupackende Härte der einleitenden Angelotti-Szene als auch gegen die lyrischen Partien des Aktes, die im großen Duett Tosca — Cavaradossi ihren Höhepunkt finden. Wieder läßt sich eindrucksvoll studieren, wie Puccini die Weichheit seiner lyrischen Kantilenen unmittelbar und übergangslos gegen die konzise Vehemenz der vorangehenden Angelotti-Szene stellt, wenn beim Eintritt Toscas jene zarte, sanft schwingende Melodie aufblüht, die den Hörer urplötzlich in eine andere Welt versetzt·

Andantino sostenuto

ppp dolcissimo e con tutta l'espressione

Das harte Nebeneinander kontrastierender Szenen, der Verzicht auf den auskomponierten Übergang erscheint besonders für *Tosca* außerordentlich charakteristisch, und wohl mit Recht darf man auf die Ähnlichkeit dieses dramaturgischen Mittels mit der Technik des Szenenwechsels im Film hinweisen.

Vergleicht man das Duett des ersten Aktes mit einem Duett der *Bohème*, so fällt sofort der größere Nuancenreichtum und die stärkere dramatische Durchpulsung auf. Nicht nur, daß die Skala der Emotionen zwischen Liebe, Eifersucht und kapriziöser Neckerei vielerlei Schattierungen zeigt — durch die ständige Erinnerung Cavaradossis an den verborgenen Angelotti, der schnellste Hilfe braucht, entsteht ein Moment der Unruhe und Ungeduld, und es wird verhindert, daß dieses Duett zu einer bloßen lyrischen Einlage wird und die Handlung aufhält. Gerade diese Szene zeigt eindringlich, daß Puccini nun wirklich zum Musikdramatiker gereift ist, der über vielfältige musikalische Mittel verfügt und — was das Entscheidende ist — diese in den Dienst der dramatischen Idee zu stellen weiß.

Voll auf der Höhe des dramatischen Ausdrucksvermögens erweist sich der Komponist schließlich auch in der zweiten Hälfte des Aktes, vom Auftritt Scarpias an. Großartig wird das Bedrohliche der Situation musikalisch eingefangen und die teuflische Hinterlist, mit der Scarpia Toscas Eifersucht für seine Ziele mißbraucht. Der Akt mündet schließlich in jenes grandiose Tedeum ein, das, vom Chor gesungen, Scarpias Leidenschaft kontrapunktiert und zugleich zu dämonischer Größe steigert. Wie hier das Sakrale mit dem Weltlichen zusammenfließt zu einem ungemein wirkungsvollen und doch niemals ins Leere verlaufenden Aktschluß, das ist von jeher bewundert worden.[40]

Der zweite Akt hat in der Geschlossenheit seiner dramaturgischen Konzeption im Gesamtwerk Puccinis kaum ein Gegenstück. Nur eingehende Analyse vermöchte zu zeigen, wie ausgewogen sein Aufbau ist, mit welcher Meisterschaft und psychologischen Einfühlung die Spannung vom Anfang mit seiner historisierenden, freundlichen Rokokomusik bis zu Toscas befreiendem Dolchstoß entwickelt und hochgetrieben wird und wie dazwischen immer wieder Szenen eingefügt sind, in denen sich die Spannung — wie in Toscas Arie *Nur der*

Schönheit — ins Lyrisch-Expressive löst, ohne daß dadurch der dramatische Bogen seine Stringens verlöre. Die Textdichter haben dem Komponisten hier eine Vorlage geliefert, die ihm Möglichkeiten zu großartigen, vehementen dramatischen Entwicklungen wie zu scharfer Charakterzeichnung bot. Das ist alles blutvolles Theater, sicher nicht allzu wählerisch in den Mitteln, aber doch diese niemals zu äußerlich-effektvoller Wirkung mißbrauchend. Puccini erwies sich dieser Vorlage gewachsen. Eine so dramatisch durchpulste und doch differenzierte Musik hatte er bis dahin noch nicht geschaffen.

In der Mitte des zweiten Aktes löst die Nachricht vom Siege Napoleons über die Österreicher bei Marengo den berühmt gewordenen Freiheitsgesang Cavaradossis aus, hinreißend eindringlich in seiner ungemein knappen Diktion:

Den letzten Akt eröffnet ein Stimmungsbild von bestrickender Dichte: der anbrechende Morgen, der ferne Gesang eines Hirten, das Geläut von Herdenglocken — das alles fließt zusammen zu einer Musik, die ihr Gepräge vor allem durch die kraftlos herabsinkenden parallelen Akkorde empfängt, die eine ähnlich trostlose Stimmung suggerieren wie die parallelen Quinten zu Beginn des dritten Aktes der *Bohème*.

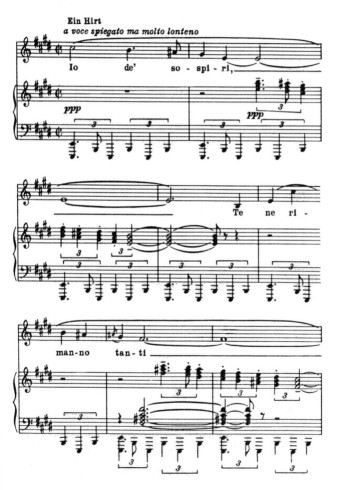

Großartig ist es, wie sich aus dieser Stimmung dann ganz allmählich das Thema von Cavaradossis großer Arie, zunächst nur im Orchester, herauslöst. Diese selbst, ein verzweiflungsvoller Abschied von der Liebe und vom Leben, ist vielleicht die eindringlichste Szene der ganzen Oper. Wie hier grenzenlose Einsamkeit und Verlassenheit zu Ton wird, das zeigt Puccinis Kunst der Menschengestaltung auf ihrer vollen Höhe. Es muß in diesem Zusammenhang daran erinnert werden, daß diese Arie auch textlich weitgehend von Puccini stammt, also seinen Intentionen genau entspricht, ja man darf sagen, daß das „Sterben in Verzweiflung" für ihn eine dramatische Grundsituation darstellte, zu der er auch in späteren Opern immer wieder zurückkehrte. Jedenfalls ist es bezeichnend, daß er mehrfach in Erörterungen mit seinen Textdichtern auf diese Arie und ihren Text hinwies.

Ob das folgende Duett diese Höhe hält, ist bestreitbar. Wie durch Briefe belegt, hat an ihm schon die Kritik Giulio Ricordis angesetzt. Sein Haupteinwand, die Übernahme eines Zitats aus *Edgar*, ist heute, da diese Oper weitgehend unbekannt ist, hinfällig geworden. Was aber an dem Duett vom dramaturgischen Standpunkt her auffällt, ist die eigentümlich matte Reaktion Cavaradossis auf die Nachricht von Scarpias Ermordung und seiner Befreiung.

Maria Jeritza in „Tosca" (New York 1922)

„Tosca" an der Komischen Oper Berlin (1961)

Gewiß kann man dieses tändelnde Ablenken Cavaradossis dadurch dramaturgisch rechtfertigen, daß man annimmt, Cavaradossi als politisch engagierter Mensch durchschaue, anders als Tosca, die Hinterlist Scarpias und heuchle nur Freude über die Befreiung, an die er nicht glaubt.[41] Ob eine solche Deutung aber Puccinis Vorstellungen entspricht, läßt sich nicht belegen und erscheint eher fraglich, zumal sich Cavaradossi am Schluß des Duettes, im großartigen Anruf des Tages, der die Freiheit verheißt, im Unisono mit Tosca ganz wie sie von Begeisterung tragen läßt.

Dieser Glaube an die Realität der Freiheit gibt dem Schluß der *Tosca* ein utopisches Moment, das über die faktische Niederlage der Helden hinweg ins Künftige weist.

Madame Butterfly

Wie immer bedrückte Puccini auch nach der *Tosca* wieder die erzwungene Schaffenspause: In Briefen nennt er sich *krank vor Untätigkeit,* und gegenüber Ricordi bezeichnet er sich als dessen *unbeschäftigten Arbeiter.* Es gehörte nun einmal zur Eigenart seiner Begabung, daß sich seine schöpferische Phantasie nur an einem dramatischen Stoff zu entzünden vermochte. Regelmäßig fühlte er sich nach Vollendung einer Oper leer und gelähmt, und erst durch die Beschäftigung mit einem neuen Sujet kehrten Arbeitslust und Inspiration zurück.

Diesmal war die Zahl der literarischen Werke, die Puccini als Vorlage für seine nächste Oper in Erwägung zog, besonders groß. Etwa fünfzehn sehr verschiedenartige Sujets hat er mit Ricordi und seinen Librettisten diskutiert und meist rasch wieder verworfen. Noch einmal fiel der Blick auf Maeterlincks „Pelléas" und Zolas „Sünde des Abbé Mouret" in der vergeblichen Hoffnung, beide Schriftsteller könnten bewogen werden, ihre schon anderen Komponisten gegebenen Zusagen rückgängig zu machen. „Le Dernier Chouan" von Honoré de Balzac, „La Tour de Nesle" von Alexander Dumas d.Ä., „Die Elenden" von Victor Hugo und selbst Gerhart Hauptmanns Schauspiel „Die Weber" wurden in Betracht gezogen. All diese Pläne gediehen über erste Überlegungen nicht wesentlich hinaus. Etwas greifbarere Form nahm lediglich das Projekt einer komischen Oper nach Alphonse Daudets „Tartarin von Tarascon" an — interessant deshalb, weil sich hier der Blick Puccinis zum ersten Male auf einen heiteren Stoff richtete. Er ließ Illica ein Szenar entwerfen, gab den Plan dann aber doch wieder auf, weil er, wie er sich selbst eingestand, den Vergleich mit Verdis wenige Jahre vorher erschienenem „Falstaff" fürchtete. Tatsächlich wäre es für ihn wohl sehr schwer geworden, diesem Meisterwerk, mit dem der alte Verdi einen neuen Stil des italienischen heiteren Musiktheaters geschaffen hatte, etwas Gleichwertiges und Eigengeprägtes entgegenzusetzen. Erst fast zwanzig Jahre später, auf der Höhe seiner Meisterschaft, hat er mit seinem *Gianni Schicchi* dies Wagnis wirklich unternommen und bewältigt.

Puccini (um 1900)

In dieser Zeit der Umschau nach einem neuen Stoff wurde erstmals auch eine Zusammenarbeit zwischen Puccini und dem berühmtesten italienischen Dichter jener Zeit, Gabriele d'Annunzio, erwogen. Wahrscheinlich wurde die Begegnung angebahnt durch den Komponisten Paolo Tosti, der sowohl mit d'Annunzio als auch mit Puccini befreundet war. Mehr als ein flüchtiger Kontakt kam freilich zunächst nicht zustande. Des Dichters prätentiöses Ästhetentum, die hochgetriebene Künstlichkeit seines Stils entsprachen sehr wenig dem, was der Musiker von einer literarischen Vorlage für sein Schaffen erwartete: echte und unverbildet fühlende Charaktere. Wie sehr Puccini dieser Wesensunterschied von vornherein bewußt war, zeigt eine Äußerung in einem Brief an Luigi Illica vom 15. Mai 1900: *Wunder über Wunder! D'Annunzio mein Textdichter! Nicht für alle Reichtümer der Welt! Zu rauschhaft und betörend — ich möchte auf den Beinen bleiben.*[42]

Im Sommer des Jahres 1900 reiste Puccini zum zweiten Male nach London, um an der englischen Erstaufführung der *Tosca* teilzunehmen. Die Theaterwelt Londons stand damals unter dem Eindruck des ungewöhnlichen Erfolges, den das Schauspiel „Madame Butterfly", das der amerikanische Bühnenautor David Belasco nach einer Novelle von John Luther Long geschrieben hatte, nach der New-Yorker Uraufführung nun auch in der britischen Hauptstadt fand. Englische Freunde Puccinis drängten ihn, sich eine Vorstellung des Schauspiels anzusehen. Obwohl er kaum ein Wort des Dialoges verstand, verfehlte die Tragödie der japanischen Geisha nicht ihre Wirkung auf den für die Schicksale zarter, leidender Geschöpfe

Illica, Toscanini, Elvira und Puccini

so sehr empfänglichen Musiker. Auch das exotische Milieu scheint ihn sofort fasziniert zu haben. Jedenfalls suchte er unmittelbar nach der Aufführung tief beeindruckt den Schriftsteller auf und bat ihn um die Erlaubnis, das Drama zur Grundlage seiner nächsten Oper zu machen. David Belasco hat später einen ergötzlichen Kommentar zu dieser Begegnung gegeben: „Ich stimmte sofort zu und sagte ihm, er könne mit dem Stück machen, was er wolle, und jede Art von Vertrag abschließen, denn man kann mit einem aufgeregten Italiener, der Tränen in den Augen hat und einem beide Arme um den Hals schlingt, kein geschäftliches Übereinkommen besprechen."[43]

Trotz dieser so rasch gegebenen mündlichen Zusage dauerte es noch geraume Zeit, ehe ein Vertrag mit Belasco zustande kam. Erst im September 1901 hielt ihn Puccini in den Händen. Jedoch hatte er sich schon seit November 1900 mit dem Sujet beschäftigt. Zuerst schwebte ihm eine einaktige Oper mit einem Prolog vor, später dachte er an zwei Akte, von denen der erste in Amerika, der zweite in Japan spielen sollte. Auf der zweiaktigen Anlage bestand er auch noch, als nach Belascos definitiver Zusage die Arbeit mit den bewährten Librettisten Illica und Giacosa begann. Es war dies der einzige entscheidendere Diskussionspunkt zwischen Puccini und Giacosa, der an dem dreiaktigen Aufbau des Schauspiels unbedingt festhalten wollte, aber schließlich gegen seine künstlerische Überzeugung den drängenden Bitten des Komponisten nachgab.[44] Von dieser Differenz abgesehen, zeigte es sich hier ebenso wie bei der Arbeit an *Tosca*, daß die Einrichtung eines Schauspiels zum Operntext weit weniger Probleme stellte als die operngemäße Umformung eines Romans.

Während die Dichter am Libretto arbeiteten, vertiefte sich der Komponist recht eingehend in die Kultur Japans. Im Frühjahr 1902 traf er in Mailand mit der dort gastierenden japanischen Schauspielerin Sada Jacco zusammen und bat sie, in ihrer Muttersprache zu sprechen, um einen Eindruck vom Klang einer japanischen Frauenstimme zu bekommen. Mehrere Male besuchte er auch die Gattin des japanischen Botschafters in Italien, die ihm von der Kultur ihres Landes erzählte, wichtige Anregungen für Einzelheiten des Librettos gab, japanische Lieder vorsang und eine Sammlung japanischer Volksmusik zu schicken versprach. Er besorgte sich auch Schallplatten mit japanischer Musik und Bücher über Religion und Architektur des Landes.

Die Komposition ging nicht übermäßig rasch, aber doch zügig voran. Mehr als die Hälfte der Partitur war fertig, als ein schwerer Unfall die Arbeit plötzlich unterbrach. Kurz nach der Uraufführung der *Tosca* hatte sich Puccini, von vielen wegen seiner sportlichen Kühnheit bestaunt, ein Auto gekauft. Neben der Begeisterung für Motorboote wurde nun das Autofahren für ihn zu einer wahren Leidenschaft. Am 23. Februar 1903 fuhr er zusammen mit Elvira und dem Sohn Tonio nach Lucca, um den Arzt wegen eines Halsleidens zu konsultieren, und bei der Rückfahrt am Abend geriet der Wagen in einer Kurve ins Schleudern, kam von der Straße ab und überschlug sich. Während Elvira und Tonio mit dem Schrecken davonkamen, traf es den Komponisten ziemlich hart: Er brach sich das rechte Schienbein und erlitt mehrere schwere Quetschungen. Da die Fraktur schlecht verheilte, mußte der Knochen nach einiger Zeit erneut gebrochen werden — so kam es, daß die vollständige Heilung fast acht Monate in Anspruch nahm. Immerhin konnte der Komponist gegen Ende des Frühjahrs wieder einigermaßen arbeiten. Am 27. Dezember 1903 war dann die Partitur vollendet.

Puccini mit Chauffeur an seinem ersten Auto

Wie immer begannen nun die Vorbereitungen der Uraufführung, die bereits für den 17. Februar 1904 in Mailand vorgesehen war. Die Titelpartie war mit der jungen, eben erst durch Toscanini an der Scala eingeführten Rosina Storchio hervorragend besetzt, und die musikalische Leitung lag in den Händen von Cleofonte Campanini. Puccini schien diesmal eines Erfolges ziemlich sicher zu sein, und die Begeisterung, die alle Beteiligten bis hinab zum Orchester während der Proben ergriff, bestärkte ihn in seinen Erwartungen, daß diese Oper, in die er „sein ganzes Herz und seine ganze Seele gegossen hatte", vom Publikum verstanden werden würde. Wohl niemand, der an der Aufführung beteiligt war, hätte erwartet, daß er sich hierin grausam täuschen sollte und daß der Oper ein Mißerfolg bereitet wurde, wie er in der Operngeschichte nahezu ohne Beispiel ist. Die gesamte Vorstellung war begleitet von Gelächter, Schreien und Pfiffen, und als der Vorhang fiel, schien es, als gäbe es nicht die geringste Hoffnung, das Werk am Leben zu erhalten. Auch die Kritiker waren sich diesmal völlig einig in der Meinung, daß die Oper ein absoluter Fehlschlag sei. Bereits die zweite Aufführung, die drei Tage später angesetzt war, wurde abgesagt, und ein unbekannter Kritiker der Zeitung „Il Secolo" kommentierte dies mit Worten, die wohl ziemlich getreu die allgemeine Anschauung widerspiegeln: „Eine zweite Aufführung hätte einen Skandal verursacht, denn das Mailänder Publikum liebt es nicht, veralbert zu werden. Diese Oper ist keine von denen, die, wie der ‚Barbier von Sevilla', die Keime ihrer Rehabilitierung in sich tragen. Sie verrät, daß es Maestro Puccini eilig hatte. Genötigt, das Werk in dieser Saison herauszubringen, krank wie er war, fand er keine echte Inspiration, nahm Zuflucht zu Melodien aus seinen vorhergehenden Opern und half sich sogar mit Melodien anderer Komponisten. Zu seiner Entschuldigung müssen wir sagen, daß das Textbuch künstlerisch unglücklich war ... Die Oper ist tot."[45]
Es kann kaum einen Zweifel geben, daß die radikale Ablehnung, die das Publikum der Oper gegenüber an den Tag legte, nicht völlig spontan zustande kam. Puccini selbst glaubte, daß sie von langer Hand vorbereitet worden sei. Was daran wahr ist, wo insbesondere die Initiatoren einer solchen Attacke gegen das Werk zu suchen wären, ist heute nicht mehr aufzuhellen. Aber abgesehen von dieser wahrscheinlich or-

ganisierten Ablehnung, die freilich über das Schicksal der *Butterfly* zunächst entschied, scheint für die Mehrzahl der Besucher der zweite Akt und seine für italienische Opernverhältnisse ungewöhnliche Länge ein Stein des Anstoßes gewesen zu sein.

Wie deprimiert Puccini über den Mißerfolg und das Unverständnis der Kritiker gegenüber dieser Oper war, von der er zeitlebens beteuerte, daß sie ihm das liebste seiner Werke sei, geht aus einem Brief hervor, den er am 22. Februar an einen Mailänder Bekannten richtete:

Ich bin noch immer tief niedergeschlagen von all dem, was geschehen ist — nicht so sehr davon, was man meiner armen Butterfly getan hat, als von all dem Gift, mit dem man mich als Künstler und Menschen bespien hat! Und ich kann mir nicht erklären, weshalb man mir all dies angetan hat, der ich weit entfernt von allem menschlichen Umgang bin. Man hat alle möglichen Dinge gedruckt! Nun sagt man, ich sei im Begriff, die Oper zu überarbeiten, und ich brauchte sechs Monate dazu! Nichts davon ist wahr! Ich arbeite die Oper nicht um oder höchstens ein paar Einzelheiten — ich werde ein paar Striche machen und den zweiten Akt teilen — was ich schon während der Proben tun wollte, aber damals war die Uraufführung zu nahe ... Diese Uraufführung war ein danteskes Inferno, seit langem vorbereitet.[46]

Nach dem Autounfall (1903)

Giuseppe
Giacosa

Schweren Herzens ging Puccini schließlich aber doch an die Umarbeitung, die sich für das weitere Schicksal der *Butterfly* als sehr vorteilhaft erweisen sollte. Die Änderungen waren nicht tiefgreifend, aber wohlüberlegt; sie zielten vor allem auf eine Raffung des ersten Aktes, aus dem mehrere Episoden herausgenommen wurden. Der zweite wurde, wie Puccini schon in seinem Brief andeutete, in zwei selbständige Akte zerlegt und die kurze Arie Pinkertons *Ade, mein Blütenreich* eingefügt, die schon für die Erstfassung vorgesehen, dann aber doch fallengelassen worden war.

In der neuen Gestalt ging *Madame Butterfly* am 28. Mai 1904 im Teatro Grande zu Brescia über die Bühne. Man hatte mit Bedacht dieses — gemessen an der Mailänder Scala — kleinere und intimere Theater gewählt, weil es einen passenderen Rahmen für die Intimität der Handlung abgab. Der Beifall, den die Oper hier fand, übertraf denn auch weit alle Erwartungen, die freilich nach dem Mailänder Fiasko sicher nicht sehr hochgespannt waren. Fünf Nummern wurden wiederholt, und am Schluß der Vorstellung mußte der Maestro zehnmal vor dem Vorhang erscheinen. Sein Glaube an das Werk hatte sich überraschend schnell als richtig erwiesen. Der Siegeszug, den *Madame Butterfly* nun über die großen Bühnen der Welt antrat, war fast beispiellos. Wieder war Buenos Aires die erste ausländische Bühne, die sich der Oper annahm. Im Juli 1905 kam sie im Londoner Covent Garden in einer Starbesetzung mit Emmy Destinn, Enrico Caruso und Antonio Scotti heraus, ein Jahr später erklang sie erstmals in der Pariser Opéra comique, und 1906/07 wurde sie auf einer triumphalen siebenmonatigen Tournee in Nordamerika gezeigt.

Der Grund für diesen ungewöhnlich weittragenden Erfolg der *Madame Butterfly* dürfte außer in ihrer so ungemein stark an das Miterleben appellierenden Handlung vor allem in dem gesteigerten Interesse zu suchen sein, das Europa seit dem Ende des 19. Jahrhunderts den fernöstlichen Ländern und Kulturen entgegenbrachte. Es hängt dies zweifellos damit zusammen, daß Ostasien dem erstarkenden europäischen Imperialismus ein günstiges Feld für seine Kapitalexporte bot. Besonders Japan, das jahrhundertelang von der europäischen Entwicklung so gut wie unberührt geblieben war, öffnete sich seit der Mitte des 19. Jahrhunderts stärker dem abendländischen Einfluß, nachdem 1853 die amerikanische Flotte mit Waffengewalt die Erschließung japanischer Häfen erzwungen hatte. Umgekehrt verbreitete sich seitdem in Europa eine genauere Kenntnis der japanischen Kultur und Kunst. So drangen beispielsweise Ende des 19. Jahrhunderts erstmals in größerem Umfange japanische Farbholzschnitte nach Frankreich; ihre subtile Farbigkeit hat das Schaffen bedeutender französischer Maler nachhaltig beeinflußt und mit zur Herausbildung des Impressionismus beigetragen. Auch das europäische Kunsthandwerk hat bald vielfältige Anregungen der japanischen Kunst aufgegriffen. Die europäische Literatur begann in den letzten Jahrzehnten vor der Jahrhundertwende Japan gleichfalls für sich zu entdecken. Das erste Werk in diesem Zusammenhang, der 1887 erschienene Roman „Madame Chrysanthème" des französischen Schriftstellers Pierre Loti, ist zugleich die früheste literarische Gestaltung des „Butterfly"-Stoffes, wenn auch mit anderen Akzenten als später bei Puccini.[47] Loti, der als Kapitän der französischen Marine die japanischen Verhältnisse aus eigener Anschauung kannte, beschrieb in seinem Buch die Heirat „auf Zeit" eines französischen Offiziers mit einer japanischen Geisha, die aber für beide einigermaßen unverbindlich bleibt und nicht, wie später in der *Madame Butterfly,* tragisch endet. Dennoch ist der Charakter Madame Chrysanthèmes dem von Puccinis Cho-Cho-San verwandt, wie überhaupt die japanische Welt ganz ähnlich wie bei Puccini gesehen wird.

Die 1898 veröffentlichte Novelle „Madame Butterfly" des Amerikaners John Luther Long übernahm zahlreiche Details aus Lotis Buch, gestaltete die Fabel jedoch mit weit mehr Sinn für die Wirklichkeit. Erstmals tritt hier der Japanerin in der Gestalt des Offiziers Pinkerton — sein Name wurde später in deutschen Übersetzungen der Oper in „Linkerton" geändert — ein Amerikaner gegenüber, der vom Autor als typischer Yankee, mit leicht ironisch-überlegenem Gebaren, gezeichnet wird. Auch er kehrt nicht zu Butterfly zurück, sie aber rechnet zunächst fest damit, daß er sie nach Amerika kommen lassen wird. Dennoch ist auch hier der Ausgang noch nicht tragisch: Als sie erfährt, daß Pinkerton sie verlassen und eine Amerikanerin geheiratet hat, denkt Cho-Cho-San zwar zuerst an Selbstmord durch Harakiri, entschließt sich dann aber, im Gedanken an ihr Kind, ihr früheres Leben als Geisha weiterzuführen.

Longs Novelle gab die unmittelbare Anregung für das Schauspiel des amerikanischen Bühnenschriftstellers David Belasco, das am 5. März 1900 in New York seine sehr erfolgreiche Uraufführung erlebte. In ihm wird nun erstmals die Handlung wirklich tragisch zu Ende geführt; es gibt für die durch ihre Heirat mit einem Amerikaner aus ihrer Welt herausgerissene Cho-Cho-San keine Rückkehr in diese, und das Harakiri bleibt die einzige Alternative gegenüber einem Leben in Schande, gemäß dem alten Samurai-Wahlspruch: „Ehrenvoll sterbe, wer nicht länger leben kann in Ehre."

Überblickt und vergleicht man diese drei literarischen Gestaltungen des „Butterfly"-Stoffes, so wird deutlich eine Entwicklung sichtbar, die auf eine immer härtere, unversöhnlichere Konfrontation der beiden Welten zielt, die in Cho-Cho-San und Pinkerton verkörpert sind. Immer klarer wird gesehen, daß es sich hier nicht nur um den Konflikt zweier Menschen handelt, sondern daß in der Begegnung Cho-Cho-Sans und Pinkertons zugleich zwei Kulturen und Gesellschaftssysteme zusammenprallen: der amerikanische welterobernde

Cho-Cho-San

Imperialismus und der in alten Formen erstarrte und darum diesem Ansturm wehrlos preisgegebene japanische Feudalismus.

Puccinis Oper fußt auf der dramatischen Formung des Stoffes von Belasco, wenn auch einige Einzelheiten unmittelbar aus Lotis Roman und Longs Novelle in sie eingegangen sind.[48] Von Belascos Schauspiel übernahm die Oper vor allem die Unausweichlichkeit des tragischen Ausgangs. Und ebensowenig wie Belasco vermochte auch Puccini zu der Erkenntnis vorzustoßen, daß die Widersprüche, an denen Cho-Cho-San zugrunde geht, ihren letzten Grund in den Machtkonstellationen der spätbürgerlichen Welt haben, im Wesen des Imperialismus, dessen bestimmende Züge, zu menschlichen Verhaltensweisen umgeprägt, in die Gestalt Pinkertons projiziert erscheinen. Weil solche Einsichten aber dem bürgerlichen Künstler Puccini grundsätzlich verwehrt waren und er ihnen höchstens intuitiv nahekommen konnte, blieb er auch im Falle der *Madame Butterfly* letztlich bei rein gefühlsmäßiger Anteilnahme am Schicksal der Heldin und dem Appell an das Mitleid stehen.

Auch mit der Zeichnung der Charaktere im einzelnen folgt das Libretto weitgehend dem Schauspiel. Genauso wie bei Belasco wird Pinkerton in der Oper — übrigens in der ersten Fassung stärker als in der zweiten — als der überhebliche, sorglose, den Weltmann hervorkehrende Yankee gezeichnet, dessen Zynismus Cho-Cho-San nur die kindliche Echtheit und Reinheit ihres Fühlens entgegenzusetzen hat, womit sie zwangsläufig scheitern muß, weil — und damit wird auch hier wieder das Grundthema Puccinis angeschlagen — das Schlicht-Menschliche ohnmächtig ist gegenüber den Kräften und Mächten einer brutalen Wirklichkeit und ihnen immer unterliegt.

Was die musikalische Faktur der *Madame Butterfly* anlangt, so ist zunächst auf das exotische Kolorit hinzuweisen, das weiten Partien dieser Oper das Gepräge gibt. Puccini hat sich durch verhältnismäßig eingehende Beschäftigung mit der japanischen Musik, soweit sie einem Europäer damals überhaupt schon zugänglich war, in eine fernöstliche Klangwelt einzuleben versucht, und eine ganze Reihe originaler japanischer Lieder sind in die Partitur der *Butterfly* eingegangen. Nur drei Beispiele seien aus der Fülle herausgegriffen: So erklingt beim Auftritt des Kaiserlichen Regierungskommissärs zur Trauungszeremonie im ersten Akt ein Bruchstück der japanischen Nationalhymne:

Bei der Gratulation von Cho-Cho-Sans Freundinnen wenig später benutzt Puccini notengetreu ein Volkslied mit dem Titel „Nihon Bashi",

und zur Charakterisierung des Fürsten Yamadori verwendet er im zweiten Akt an verschiedenen Stellen das Lied „Mein Prinz":

Indessen beruht das exotische Kolorit der *Madame Butterfly* nicht nur auf dieser Einbeziehung originaler japanischer Melodien. Vielmehr hat Puccini auch danach gestrebt, sich in seiner eigenen melodischen Erfindung an die Eigenarten der japanischen Musik, soweit sie ihm bekannt waren, anzulehnen, wie beispielsweise bei dem Thema, das im ersten Akt die Verwandten der Cho-Cho-San charakterisiert und für das wahrscheinlich kein originales japanisches Vorbild existiert.

Die naheliegende Frage nach den Mitteln, mit denen Puccini dieses fernöstliche Kolorit hervorbringt, ist verhältnismäßig leicht zu beantworten, denn fast immer sind es pentatonische oder zumindest der Pentatonik angenäherte melodische Bildungen mit den charakteristischen Kleinterzsprüngen, die diesen Eindruck hervorrufen.

Dagegen macht Puccini auffallend wenig Gebrauch von der Ganztonleiter, die von seinen Zeitgenossen besonders gern als Mittel benutzt wurde, durch das sich eine exotisch-fremde Farbe erzeugen ließ. Puccinis Zurückhaltung ihr gegenüber in der *Butterfly* ist um so überraschender, als er sich ihrer oder zumindest auf ihr beruhender harmonischer Fortschreitungen sonst durchaus bediente, so zum Beispiel im Scarpia-Thema der *Tosca*. Als Beispiel für den gelegentlichen Gebrauch in *Madame Butterfly* sei eine Stelle aus der Szene mit dem Onkel Bonze im ersten Akt zitiert, wobei jedoch angemerkt werden muß, daß sie auch hier nicht ganz streng, sondern mit einem systemfremden Ton (b statt h) benutzt wird.

Gelegentlich führt den Komponisten das Suchen nach möglichst fremdartigen Wendungen auch zu fast bitonal aufzufassenden Passagen, so etwa in einer charakteristischen Stelle aus dem ersten Akt, die zugleich als Beispiel dienen kann für die in *Madame Butterfly* häufige Verwendung orgelpunktartig ausgehaltener Baßtöne, die ebenfalls zu den Mitteln gehören, mit denen Puccini eine exotische Klangwelt beschwört.

Auch in dieser Oper gebraucht Puccini öfter parallele Akkorde, zum Beispiel im ersten Akt, wenn der Konsul Sharpless Cho-Cho-San nach ihrem Alter fragt:

Fernöstliches Kolorit sucht schließlich auch die im ganzen sehr feine und transparente Instrumentation der Oper durch charakteristische Verwendung der Holzbläser sowie durch Glocken und Gongs einzufangen.

Alle diese Belege zeigen deutlich, daß Puccini über verschiedenartige Mittel verfügte, seiner Tonsprache eine exotische Färbung zu geben, denn das war das eigentliche kompositorische Problem, das hier zu bewältigen war: Es galt, ein fremdes Kolorit zu schaffen, das aber den persönlichen Stil nicht aufheben, sondern nur nuanciert und fremdartig überhaucht erscheinen lassen sollte. Sicher ist das über weite Strecken der Oper hin gelungen. Andererseits sollte aber nicht übersehen werden, daß es Puccini nicht immer völlig glückte, einen gewissen kunstgewerblichen Anstrich gerade in diesen exotischen Partien zu vermeiden. Etwas vom Geist nippesfigürlicher Chinoiserien liegt zweifellos, im einzelnen schwer zu fassen, über dieser Partitur, und dieser Eindruck wird bestärkt durch die mosaikhafte Formbehandlung, die ganz dem Prinzip der Reihung kleiner motivischer Einheiten folgt, was wir bereits an der *Bohème* beobachteten, deren Kleingliedrigkeit aber hier fast ins Extrem gesteigert erscheint.[49]

Nicht zu überhören ist in *Madame Butterfly* auch eine manchmal fast penetrante Süße, die meist durch Reihung übermäßiger Dreiklänge entsteht, wie zum Beispiel im ersten Akt bei Cho-Cho-Sans Auftritt:

Auch im Schlußduett des ersten Aktes, das zweifellos große Momente hat, vermag Puccini ein Abgleiten ins Sentimental-Abgegriffene nicht durchweg zu vermeiden, und an anderen Stellen der Partitur wird gelegentlich die Nähe zum Trivialen ebenfalls fatal spürbar, etwa im langsamen Walzer der Yamadori-Szene:

Exotisches Kolorit gibt der Partitur der *Madame Butterfly* nicht durchgängig das Gepräge. Nicht nur die beiden Amerikaner Pinkerton und Sharpless, zu deren musikalischer Zeichnung Puccini gelegentlich die amerikanische Nationalhymne benutzt, auch Cho-Cho-San wird zuweilen durch eine Musik von ausgesprochen europäischem Duktus charakterisiert. Es ist reizvoll zu beobachten, wie die Heldin auch musikalisch zwischen den beiden Welten gleichsam hin und her pendelt, wie sie sich bald mehr in diesem, bald mehr in jenem Idiom ausspricht. In dieser Unentschiedenheit spiegelt sich genau die Situation wider, an der sie schließlich zugrunde gehen muß.

Es wäre zweifellos ungerecht, wollte man die offenkundig schwachen Punkte des Werkes hervorkehren, ohne zu betonen, daß ihnen Szenen gegenüberstehen, die von großem, echtem Erleben erfüllt sind. Zu ihnen gehören, um nur einige Beispiele zu nennen, die beiden großen Arien der Butterfly im zweiten Akt oder die in ihrer Kargheit sehr eindringliche Stelle, wo es Cho-Cho-San — über trostlos und unerbittlich absinkenden Akkorden — endlich zur Gewißheit wird, daß Pinkerton sie verlassen hat.

Aber solche großen Momente vermögen die Einsicht nicht zu verdecken, daß *Madame Butterfly* nicht ganz die künstlerische Geschlossenheit etwa der *Bohème* erreicht. Es ist ein Werk, das überall die Hand des Meisters spüren läßt, dennoch aber auf jeden Hörer, der sich nicht willenlos dem Miterleben des Geschehens hingibt, sondern kritische Distanz zu bewahren versucht, einen leicht zwiespältigen Eindruck macht. Unbestreitbar ist aber auch, daß dieser Eindruck zumindest abgeschwächt werden kann, wenn eine Aufführung, ausgehend von der damaligen Aktualität des Stoffes, nicht das Einzelschicksal der Cho-Cho-San isoliert dem Mitleiden des Zuschauers anheimgibt, sondern versucht, ihm die Ursachen ihrer Tragödie einsehbar zu machen.

Nach *Madame Butterfly* dauerte es nicht weniger als sieben
Jahre, ehe Puccini sein nächstes Werk vollendete. Zwar begann
er auch diesmal wieder sofort nach der Uraufführung, einen
neuen Stoff zu suchen, doch gewinnt man deutlich den Eindruck, daß er es jetzt weit weniger hektisch und mit größerer
Überlegenheit als bisher tat. Er vertraut nicht mehr blindlings
dem ersten Eindruck, sondern wägt ab und ist vor allem
bemüht, ein Sujet zu finden, das seiner Kunst neue Aufgaben stellt. Es mag ihm deutlich geworden sein, daß in
der Reihe seiner bisherigen Opern von *Manon Lescaut* über *La
Bohème* bis zur *Madame Butterfly* bei aller Verschiedenartigkeit
des Milieus doch immer wieder ähnliche Erlebnis- und Ge-
fühlsbereiche ausgelotet wurden, und zweifellos war es künstlerische Gewissenhaftigkeit, die ihn davon abhielt, diesen
sicher einfachen und risikolosen Weg weiterzugehen. Da ihm
aber die Richtung, in der eine Erweiterung seiner Kunst
möglich sein würde, keineswegs sofort deutlich vor Augen
stand, zeigte sich nun ganz zwangsläufig eine gewisse Un-

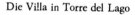

Die Villa in Torre del Lago

sicherheit. Sie ist wie bei vielen Künstlern auch bei Puccini ein notwendiges Durchgangsstadium auf dem Wege zu größerer und reiferer Entfaltung seiner Kunst. Es sind Jahre des Suchens: nicht nur nach einem neuen Opernsujet, sondern zugleich nach einer neuen, umgreifenderen künstlerischen Position.

Hinzu kommt, daß es ihm der rasch wachsende Weltruhm nun immer schwerer macht, sich nach Torre del Lago zurückzuziehen und sich hier ganz ungestört ausschließlich der Arbeit zu widmen. Die Verlockungen sind groß, den Triumphen beizuwohnen, die seinen Opern überall in der Welt bereitet werden. Im Sommer 1905 unternahm er gemeinsam mit Elvira seine erste Reise über den Ozean: Die argentinische Zeitung „La Prensa" hatte ihn eingeladen, einer Sommerspielzeit beizuwohnen, während der im Theater von Buenos Aires alle seine Opern mit Ausnahme der *Willis* aufgeführt wurden. Den *Edgar* hat er eigens aus diesem Anlaß nochmals überarbeitet. Puccini wurde in Südamerika außerordentlich gefeiert; die Reise glich einem Triumphzug. Bereits im darauffolgenden Oktober reiste er zur Aufführung der *Butterfly* nach London. Auch hier gab es für ihn begeisterte Ovationen. Wichtiger aber war, daß er im Haus seines Jugendfreundes Paolo Tosti, der seit 1880 als Gesangslehrer in London

Das Arbeitszimmer

lebte, Sybil Seligman kennenlernte. Sie war Gattin eines Bankiers, gebildet, kunst- und musikliebend und eine glühende Verehrerin der italienischen Oper. Puccini verliebte sich sofort heftig in sie, und aus dieser stürmisch beginnenden Liebe wurde eine überaus feste und dauernde Freundschaft. Sie hat Puccini über Jahre hin das gegeben, was er an seiner Frau vermissen mußte: echtes Verständnis für seine Kunst, fördernden Rat und weiblich-sensible Einfühlung in all die Probleme, mit denen er als Mensch und Künstler zu ringen hatte. Keine andere Frau hat von nun an eine so große Rolle in seinem Leben gespielt wie Sybil, und was sie ihm bedeutete, hat er im April 1906 in einem Brief ausgesprochen: sie sei derjenige Mensch, der dem Verständnis seines Wesens am nächsten gekommen sei.[50] Ein umfangreicher Briefwechsel spiegelt die wachsende Vertrautheit zwischen beiden wider.[51].

Sybil, eine gute Kennerin der Literatur, besonders der englischen, beteiligt sich bald an der Suche nach einem geeigneten Opernstoff. Im Herbst 1905 schlägt sie Puccini vier literarische Werke vor: eine Erzählung von Rudyard Kipling, Alfred Tennysons „Enoch Arden", Lew Tolstois „Anna Karenina" und Edward Bulwers Roman „Die letzten Tage von Pompeji". Für keines dieser Werke kann sich der Maestro erwärmen, doch bittet er Sybil, sich weiter umzusehen. Als sie ihn etwa ein Jahr später auf die unvollendete „Florentinische Tragödie" von Oscar Wilde aufmerksam macht, ist er von diesem Stoff sofort fasziniert. Es scheint dabei eine Rolle gespielt zu haben, daß Richard Strauss eben erst ein großer Wurf gelungen war, indem er die „Salome" des englischen Dichters nahezu unverändert als Libretto benutzt hatte. Ein Brief an Ricordi vom 14. November 1906 ist aufschlußreich, weil Puccini in ihm indirekt sein Urteil über Strauss' Oper formuliert. Es heißt da: *Sie* (d. h. die Florentinische Tragödie) *ist einaktig, aber wundervoll, inspiriert, ernst und tragisch; drei Hauptcharaktere, drei Hauptrollen; Zeit: 1300; es würde ein Gegenstück zu „Salome" sein, jedoch menschlicher, realer und dem Fühlen des Mannes von der Straße näher.*[52] Obwohl der Verleger von dem Sujet abriet, weil es, wie er meinte, zu wenig Handlung böte, hat sich Puccini doch verhältnismäßig lange damit beschäftigt. Freilich konnte er den Plan nur mit Illica allein diskutieren, denn Giacosa war im September des Jahres 1906 gestorben. Mit ihm

Sybil Seligman

hatte das „Triumvirat" den Mann verloren, der mit seiner
Besonnenheit und klaren Einsicht in die Gesetze des musikdramatischen Kunstwerkes unentbehrlich war als Gegenpol
gegen den impulsiven, weitgehend auf sein Gefühl vertrauen-
den Puccini und den phantasievollen, aber oft ungezügelten
Illica. Schon bald zeigte es sich, daß Puccini mit Illica allein
nicht ersprießlich zusammenarbeiten konnte: Das Libretto
nahm keine greifbare, befriedigende Form an, und der Plan
wurde schließlich im April 1907 aufgegeben. Fünf Jahre später
hat ihn der Maestro allerdings nochmals für kurze Zeit erwogen.
Ebenfalls keinen Erfolg brachte ein erneuter Kontakt zwischen Puccini und Gabriele d'Annunzio. Diesmal war es der
Dichter, der sich an den Komponisten wandte mit dem Vorschlag einer gemeinsamen Oper, die den Titel „Parisina" tragen
sollte. Puccini ging trotz seiner grundsätzlichen Reserve gegenüber d'Annunzio sofort darauf ein, und es wurde zwischen
beiden im Frühjahr 1906 ein förmlicher Vertrag geschlossen.
Als aber der Dichter plötzlich auf einem neuen Sujet — „La
Rosa di Cipro" — bestand, das Puccini in keiner Weise zusagte,

kam es zu einem ziemlich schroffen Bruch, der indes nicht verhinderte, daß sich Dichter und Komponist sechs Jahre später zu einem nochmaligen, letzten Versuch gemeinsamer Arbeit zusammenfanden.

Wesentlich weiter gedieh der Plan einer Oper nach der Novelle „La Femme et le Pantin" („Die Frau und der Hampelmann") des mit Claude Debussy befreundeten französischen Schriftstellers Pierre Louys. Puccini lernte das 1898 erschienene Werk im Herbst 1903 kennen, und es beschäftigte ihn längere Zeit. Es ist die mit vielen naturalistischen Details erzählte Geschichte einer Zigarettenarbeiterin namens Conchita Perez, die vom Autor deutlich nach dem Modell von Prosper Mérimées „Carmen" geformt wurde. Nur in einem, allerdings wesentlichen Punkte unterscheidet sie sich von dieser: daß sie nämlich hinter äußerlich lasterhaftem und herausforderndem Gehabe ihre Jungfräulichkeit bewahrt. Wir wissen nicht sicher, weshalb diese psychologisch recht abwegige Gestalt Puccini interessierte, jedenfalls beauftragte er im Juni 1906 Illica, ein Textbuch zu entwerfen. Aber schon sehr bald kamen ihm Zweifel, ob das Sujet geeignet sei. *Was mich fürchten läßt, ist ihr Charakter und die Handlung*, heißt es in einem Brief an Sybil Seligman im September —, *und dann scheinen alle Charaktere*

Auf der Jagd

unliebenswürdig zu sein — das ist auf der Bühne immer eine mißliche Sache.[53] Da es Illica nicht gelang, ohne die Mithilfe Giacosas ein Libretto zustande zu bringen, das Puccini befriedigte, wurde auch dieses Projekt — übrigens sehr gegen den Willen Ricordis — im Mai 1907 beiseite gelegt.[54]

Erwähnt sei schließlich, daß in jener Zeit des Tastens und Suchens noch einmal für kurze Zeit der Plan einer Oper um die letzten Tage der französischen Königin Marie Antoinette auftauchte. Es schwebte Puccini offenbar eine Oper mit stark psychologisierender Tendenz vor. Wieder wurde Illica mit dem Entwurf eines Textbuches beauftragt, und der Komponist verschaffte sich bereits Musikstücke aus der französischen Revolutionszeit — dann war aber überraschend auch von diesem Stoff nicht mehr die Rede.

Während der Beschäftigung mit all diesen Plänen, die zu keinem Ergebnis führte, tastete sich Puccini außerordentlich langsam und zögernd an den Stoffkreis heran, der nun tatsächlich zur Grundlage seiner nächsten Oper werden sollte: das Leben im „wilden Westen" Amerikas. Puccini wurde von diesem Thema keineswegs spontan ergriffen, sondern mußte sich, schwankend zwischen Zustimmung und Ablehnung, erst langsam dafür erwärmen. Dieser Prozeß des allmählichen Ergriffenwerdens, der in Puccinis Entwicklung erstmalig begegnet, läßt sich eindrucksvoll verfolgen. Bereits im Herbst 1906 hatte Puccinis Freund Piero Antinori ihn mit einem neuen Stück David Belascos bekannt gemacht, das wie *Madame Butterfly* für die Schauspielerin Blanche Bates geschrieben war: *The Girl of the Golden West* (Das Mädchen aus dem Goldenen Westen). Es hatte Puccini nicht sonderlich beeindruckt. Wahrscheinlich bedurfte es intimerer Kenntnis des amerikanischen Lebens, des persönlichen Kontakts mit dem spezifischen Fluidum Amerikas, um das Interesse des Komponisten anzufachen. Man möchte es für eine günstige Fügung des Schicksals halten, daß sich ihm gerade zu diesem Zeitpunkt die Möglichkeit für eine Amerikareise eröffnete: Heinrich Conried, der Manager der Metropolitan Opera, hatte ihm die beträchtliche Summe von 8000 Dollar geboten, wenn er nach New York kommen und sechs Wochen lang Aufführungen der *Bohème, Tosca, Manon Lescaut* und *Madame Butterfly* durch seine Anwesenheit einen besonderen Glanz geben würde. Puccini akzeptierte das Angebot und begab sich in den ersten Januartagen des Jahres 1907 mit Elvira auf die weite Reise. Sie führte zunächst zu kurzem Aufenthalt nach Paris, bemerkenswert deshalb, weil Puccini hier Gelegenheit fand, sich Debussys „Pelléas et Mélisande" anzuhören. Unter allen zeitgenössischen Komponisten war Debussy wohl derjenige, für den sich Puccini am stärksten interessierte und dessen Werken er besonders im Harmonischen viele Anregungen verdankte. Trotzdem war sein Urteil über den „Pelléas" reserviert. Er habe, heißt es in einem Brief, *außerordentliche harmonische Qualitäten und eine äußerst durchsichtige Instrumentation,* sei aber insgesamt zu gleichförmig, er verlaufe *in grauer Einfarbigkeit.* Und für den auf Fülle und Kontraste drängenden Musikdramatiker ist der Satz bezeichnend, mit dem er gleichsam ein Resümee zieht: *Das Theater braucht Mannigfaltigkeit; nur sie ist erfolgreich. Gleichförmigkeit ist ein Unheil.*[55]

Nach kurzem Aufenthalt in Paris reiste Puccini mit seiner Frau auf der „Kaiserin Auguste Viktoria" nach New York, wo er — wegen dichten Nebels mit zweitägiger Verspätung — am 23. Januar kurz vor Beginn einer Vorstellung der *Manon Lescaut* ankam.

Der fünfwöchige Aufenthalt in den USA, dessen Höhepunkt wohl die Aufführung der *Butterfly* mit Geraldine Farrar und Enrico Caruso war, hat Puccini eine Fülle künstlerischer Ehrungen, aber auch neuer, interessanter Eindrücke und

Im Motorboot

Anregungen gebracht. Der Riesenstadt New York und dem amerikanischen „way of life" gegenüber blieb sein Empfinden zwiespältig, aus Faszination und instinktiver Ablehnung merkwürdig gemischt. Immer hatten ja die großen Städte etwas Unheimliches, Bedrückendes für ihn, der sich am wohlsten fühlte in ländlicher Ungezwungenheit, in den Wäldern und auf den Seen seiner Heimat. Andererseits aber war er dem Hauch der großen, mondänen Welt gegenüber niemals unempfindlich und allen neuen Eindrücken viel zu offen, um gänzlich unberührt bleiben zu können. Daß sich hinter der gleißnerisch-glänzenden Fassade, die Amerika dem Fremden darbot, tiefe und unlösbare Widersprüche verbargen, daß der Reichtum der Herrschenden zur Armut und Not des weißen und schwarzen Proletariats erschreckend kontrastierte, ist ihm mit Sicherheit nicht bewußt geworden.

Der an technischen Dingen stets ungewöhnlich interessierte Maestro war beeindruckt von der in Amerika damals schon verhältnismäßig weit entwickelten Technik der mechanischen Aufzeichnung und Reproduktion von Musik. Er machte die Bekanntschaft von Thomas A. Edison, dem Erfinder des Phonographen, und ließ sich dessen neuentwickelte Apparate vorführen. Auch wurde von dem Geld, das ihm ein exzentrischer Autographenjäger für ein paar Zeilen seiner Hand geboten hatte, ein neues, prächtiges Motorboot gekauft.

Zwei kleine Klavierstücke sind kompositorischer Ertrag von Puccinis Amerikareise: das erste ein etwas farbloses *Albumblatt* (Foglio d'Album), das zweite ein *Piccolo Tango,* zu dem Puccini wohl durch Eindrücke aus der amerikanischen Tanzmusik angeregt wurde.

Wichtiger als alles dies aber war, daß der Maestro hier nachdrücklicher als in der Heimat zu einem amerikanischen Sujet für seine nächste Oper gedrängt wurde. Er sah im Theater drei Schauspiele von David Belasco, dem damaligen amerikanischen Erfolgsautor, unter ihnen „Das Mädchen aus dem Goldenen Westen", das er bereits kannte. Aber immer noch blieb er schwankend und vermochte zu keinem Entschluß zu kommen, sosehr ihn das Milieu, das für die Opernbühne so gut wie neu war, reizte. Bezeichnend dafür ist ein Brief an Ricordi vom 18. Februar, in dem es heißt:

Auch hier habe ich versucht, neue Sujets zu finden, aber es gibt nichts Brauchbares oder besser, nichts, das umfassend genug wäre.

Ich habe einige Anregungen bei Belasco gefunden, aber nichts Endgültiges, oder Solides, oder Zusammenhängendes. Die Atmosphäre des wilden Westens zieht mich an, aber in allen Stücken, die ich gesehen habe, fand ich nur hier und da gute Szenen. Niemals eine klare, einfache Entwicklungslinie; es ist alles ein Mischmasch und manchmal von sehr schlechtem Geschmack.[56]

Dennoch hat die Idee einer amerikanischen Oper nun von ihm Besitz ergriffen, und sie verläßt ihn auch nach der Rückkehr in die Heimat nicht mehr. Abermals zu einem kurzen Zwischenaufenthalt in Paris, schreibt er von hier an Belasco und bittet ihn um eine Kopie des Stückes „The Girl of the Golden West". Als er im Juni zu einem Besuch nach Londen fährt, berät er den Plan eingehend mit Sybil Seligman, die eine italienische Übersetzung des Schauspiels für ihn anfertigen läßt. Etwa ab Mitte Juli ist Puccini endgültig entschlossen, Belascos Stück zur Grundlage seiner nächsten Oper zu machen.

Nun galt es, einen geeigneten Textdichter zu finden. Offenbar hatte Puccini zu Illica das Vertrauen verloren, zumindest hielt er ihn ohne Hilfe Giacosas nicht für fähig, ein brauchbares Buch zustande zu bringen. Er fand einen neuen Mitarbeiter — wahrscheinlich durch Vermittlung Ricordis — in dem jungen Carlo Zingarini, der unverzüglich an die Arbeit ging. Puccini verschaffte sich inzwischen mit Hilfe Sybil Seligmans amerikanische Volksmusik aus der Zeit um 1850 und Negergesänge.

In der zweiten Oktoberhälfte reiste der Komponist zur ersten Aufführung der *Madame Butterfly* nach Wien. Es war die letzte Premiere, die Gustav Mahler vor seinem Weggang nach Amerika herausbrachte; die Titelpartie sang Selma Kurz. Indessen scheint Puccini von der Aufführung nicht sonderlich beeindruckt gewesen zu sein.

Ende Januar 1908 war das Libretto endlich in den Grundzügen fertig. In einem Brief an Sybil bezeichnet es der Maestro als ein *wirklich wunderbares Textbuch;* es sei noch nicht völlig fertig gebaut, aber die Fundamente seien gelegt. Wie aber so oft während der Entstehung eines Buches scheint Puccinis anfängliche Zufriedenheit nicht lange vorgehalten zu haben, denn Anfang April wurde ein zweiter Mitarbeiter gewonnen, Guelfo Civinini, der das Buch vor allem knapper und konziser fassen und die allzu üppig wuchernde Phantasie Zingarinis

Gustav Mahler

eindämmen sollte. Erst im Oktober lag das Libretto vollendet vor. Nun war entschieden, wie Puccinis nächste Oper heißen würde: *La fanciulla del West — Das Mädchen aus dem Goldenen Westen.*

Das Mädchen aus dem Goldenen Westen

Als Puccini nach so langen Jahren der kompositorischen Untätigkeit, des Wartens und Suchens, nun endlich mit der Arbeit beginnen wollte, brachen Ereignisse über ihn herein, die ihn monatelang schwer belasteten, so daß an ein ungestörtes Schaffen nicht zu denken war; Ereignisse zudem, die das ohnehin prekäre Verhältnis zu seiner Frau Elvira noch mehr verschlechterten und fast zum endgültigen Bruch führten. Puccinis Ehe, so harmonisch und leidenschaftlich sie begonnen hatte, war auf die Dauer durchaus nicht so problemlos geblieben, sondern schon sehr bald zu einer schweren Bürde für beide geworden. Giacomos leichte erotische Entflammbarkeit, sein Hang zum Ungebundenen, Unkonventionellen, hatten dies ebenso bewirkt wie Elviras krankhafte Eifersucht und Unduldsamkeit, die provinziell anmutende Begrenztheit ihres Denkens und ihr Pessimismus, der sich in ständigen mißmutigen Klagen äußerte. Von einer tiefergehenden inneren Übereinstimmung war diese Ehe sicher niemals getragen gewesen, vor allem hatte es Elvira an wirklichem Verständnis für das Schaffen ihres Mannes und die damit verbundenen Probleme immer gefehlt, so stolz sie andererseits auf seine Erfolge war — doch hatte in den ersten Jahren des Zusammenlebens eine starke und leidenschaftliche Liebe diese Kluft überbrückt. Je älter beide aber wurden und je mehr jene Charakterzüge Elviras zutage traten, die Giacomo bedrückten, desto mehr entfremdete er sich von ihr und suchte Ablenkung von der häuslichen Misere in seiner geliebten Jagd, im Auto- und Motorbootfahren, aber auch in gelegentlichen Abenteuern mit anderen Frauen, durch die sich Elvira tief beleidigt fühlen mußte. Als er schließlich eine Frau wie Sybil Seligman kennenlernte, die ihn nicht nur sinnlich entflammte, sondern auch ein ungewöhnlich tiefes Verständnis für sein Wesen und seine Kunst zeigte, offenbarte er sich ihr mehr als jemals seiner Gattin. So war der Riß in dieser Ehe im Grunde unheilbar, weil im Naturell der beiden Partner begründet.
Im Februar 1903 hatte Elvira die sechzehnjährige Tochter

einer in Torre del Lago ansässigen Familie als Dienstmädchen angestellt. Doria Manfredi hing, wie es bei einem in Torre aufgewachsenen jungen Mädchen kaum anders sein konnte, mit schwärmerischer Verehrung an dem Maestro, ohne daß dies zunächst zu irgendwelchen Mißdeutungen Anlaß gegeben hätte. Erst im Oktober 1908 begann Elvira plötzlich mißtrauisch zu werden, und in maßloser Eifersucht ließ sie sich dazu hinreißen, unglaublich beleidigende Anschuldigungen und Verleumdungen über das Verhältnis ihres Mannes zu Doria zu verbreiten. Die Situation wurde für Puccini dermaßen unerträglich, daß er Anfang Oktober nach Paris floh und erst im Dezember zurückkehrte, als Elvira in Lucca bei ihrer kranken Mutter war.

Verstört und verängstigt von den Klatschereien des Dorfes verübte Doria Manfredi am 23. Januar 1909 einen Selbstmordversuch, an dessen Folgen sie fünf Tage später starb. Puccini traf dies tief; zu all dem persönlichen Leid und Schuldgefühl, mit dem ihn der Tod des jungen Mädchens zwangsläufig belud, kam nun ein Skandal in der Öffentlichkeit, der sein Privatleben in beschämender Weise den Blicken der Neugierigen preisgab. Die Angehörigen Dorias strengten sogar vor einem Gericht in Pisa einen Prozeß wegen öffentlicher übler Nachrede an, in dem Elvira schuldig gesprochen und zu fünf Monaten Gefängnis sowie zu einer Geldstrafe von 700 Lire verurteilt wurde. Auf Grund einer Berufung, die Elviras Anwälte einlegten, wurde dieses Urteil allerdings wieder aufgehoben.

Man kann sich leicht vorstellen, welches Maß von Aufregung, Unruhe und seelischer Belastung diese Ereignisse für Puccini brachten. Die düsterste Zeit seines Lebens sei es gewesen, klagte er in einem Brief an Sybil Seligman. Man gewinnt den Eindruck, daß er in diesen Wochen und Monaten merklich gealtert und müde geworden ist und daß ein Zug zur Melancholie und Resignation, der seinem Wesen seit je eigen war, nun immer bestimmender hervortrat, ein Gefühl der Einsamkeit und des Lebensüberdrusses ihn immer stärker ergriff. Vor allem aber war das Verhältnis zu seiner Frau nun bis in die Wurzeln vergiftet; trotzdem hat sich Puccini nicht endgültig von ihr zu trennen vermocht. Elvira blieb zunächst in Mailand wohnen, und im Mai und Juni 1910 besuchte Puccini sie zweimal, ohne daß eine Versöhnung möglich war: Sehr düster

Elvira Puccini,
(um 1900)

und ausweglos klingen die Worte, die Puccini um diese Zeit
seinem Sohn Tonio schrieb, der während der ganzen Affäre auf
der Seite seiner Mutter gestanden hatte: *Glaube mir, mein lieber
Tonio, die Zukunft sieht schwarz für uns aus. Ich möchte zu ihr
zurückkehren, aber ich kann nicht wollen, mich selbst zu begra-
ben.*[57] Ende Juli kehrte Elvira schließlich nach Torre zurück,
und es begann wieder das gewohnte Nebeneinanderleben der
beiden einander fremd gewordenen Menschen.

Verständlicherweise fühlte sich Puccini unter dem Druck
dieser Ereignisse lange Zeit hindurch nur wenig zur Arbeit
gestimmt. Zwischen Oktober 1908 und Juli 1909 hatte er kaum
eine Note für die neue Oper geschrieben, und erst im August
fand er Ruhe, sich wieder intensiver mit ihr zu beschäftigen.
Dennoch nahm das Werk auch jetzt nur verhältnismäßig
langsam Gestalt an. Am 6. August 1910 konnte er Tito Ricordi
die Vollendung des dritten Aktes und damit der gesamten
Oper *Das Mädchen aus dem Goldenen Westen* melden.

Mit dem Sohn
vor der Villa
in Torre del Lago

Nun ging es, wie immer, rasch an die Vorbereitungen der Uraufführung. Sie sollte in dem Lande stattfinden, in dem die Handlung des neuen Werkes spielte: in Amerika. Die Metropolitan Opera New York bot mit Emmy Destinn als Minnie, Enrico Caruso als John und Pasquale Amato in der Partie des Sheriff eine Glanzbesetzung unter der musikalischen Leitung von Arturo Toscanini auf und ließ es auch in der Ausstattung an nichts fehlen, um das Milieu möglichst glaubhaft darzustellen: Im Schlußakt erschienen sogar acht Pferde auf der Bühne. Überhaupt tat die Leitung der Metropolitan Opera alles, um dem Werk durch reißerische Ankündigungen, wie sie für das amerikanische Theaterleben schon damals typisch waren, einen Sensationserfolg zu verschavfen. Die Eintrittskarten wurden schließlich auf dem schwarzen Markt zum Dreißigfachen ihres ohnehin erhöhten Preises gehandelt. Noch nie war vermutlich eine Puccini-Premiere mit solcher Spannung erwartet worden.

Puccini begab sich im November von Genua aus mit Tonio und Tito Ricordi auf die Schiffsreise nach New York. Gemeinsam mit David Belasco nahm er an den letzten Proben teil. Über die Eindrücke, die er dabei gewann, berichtete er am 7. Dezember an Elvira: *Die Oper kommt glänzend heraus; der erste Akt ist ein wenig lang, aber der zweite Akt großartig und der dritte grandios. Caruso ist in seiner Partie großartig, die Destinn nicht schlecht, aber sie brauchte mehr Kraft. Toscanini ist der Gipfel! — freundlich, gut, verehrungswürdig — kurz, ich bin mit meinem Werk zufrieden und hoffe das Beste. Aber wie schrecklich schwer ist das, diese Musik und die Aufführung.*[58]

Die Uraufführung fand am 10. Dezember 1910 statt, und sie brachte Puccini den wahrscheinlich größten Triumph seines Lebens. Die Begeisterung des Publikums war einhellig; sie erzwang nicht weniger als zweiundfünfzig Vorhänge. Auch die Kritiker, die aus den europäischen Hauptstädten zu dieser sensationellen Puccini-Premiere gekommen waren, äußerten sich durchweg in Tönen höchsten Lobes. Nach neun Wiederholungen in New York wurde das Werk vom selben Ensemble noch in Chikago und Boston gezeigt. Die erste europäische

„Das Mädchen aus dem Goldenen Westen". Berlin 1913

135

Aufführung fand im Mai 1911 im Londoner Covent Garden statt, und im Juni des gleichen Jahres dirigierte Toscanini die italienische Premiere in Rom.

Puccini gestaltete im *Mädchen aus dem Goldenen Westen* ein Milieu, das für die Opernbühne völlig neu war. Goldgräber stehen hier im Mittelpunkt des Geschehens, rauhe, brutale Männer, getrieben von der Gier nach Gold, aber auch oft sich verzehrend vor Heimweh, und zwischen ihnen Minnie, ein zartes, sensibles Mädchen, dem sie fast hündisch ergeben sind, das mit ihnen in der Bibel liest und dessen Jungfräulichkeit für sie alle unantastbar ist. Es liegt viel Unwahrscheinliches in dieser szenischen Grundkonstellation, wie überhaupt in Belascos Schauspiel, das die Vorlage der Oper bildete, Elemente einer pittoresken Wildwest-Romantik oft hart neben durchaus realistisch gesehenen Details stehen. Dabei war Belasco mit dem Leben im Westen Kaliforniens gut vertraut: Er hatte sich selbst einige Zeit als Goldgräber versucht, und zwei der theatralisch effektvollsten Szenen des *Mädchens,* das Pokerspiel um das Leben des Geliebten und die Szene mit dem herabtropfenden Blut, behauptete er selbst erlebt zu haben. Die Librettisten übernahmen das Stück Belascos ziemlich unverändert; lediglich die beiden letzten Akte wurden zu einem zusammengezogen und auf Wunsch Puccinis zwei Handlungsmomente eingefügt: der Auftritt Minnies im letzten Akt und ihr Abschied. Diese Einfügungen dienen selbstverständlich dazu, Minnie noch mehr in das Zentrum des Geschehens zu stellen. Freilich machen sie diese Gestalt darum nicht glaubhafter. Unter allen puccinischen Frauen ist Minnie unbestreitbar diejenige, deren Charakter am wenigsten an der Realität zu messen ist und die, in ihrer engelhaften Unschuld, mit vielen recht unwahrscheinlichen Zügen belastet ist. Die Handlung der Oper stellt ganz ähnlich wie in *Tosca* einen Dreieckskonflikt zwischen zwei Männern und einer Frau dar, wobei allerdings der Widersacher der Liebenden, Sheriff Rance, im Gegensatz zu Scarpia, ein Mann von Ehre und Charakter ist. Dementsprechend endet das Werk auch nicht mit der Vernichtung der Liebenden, sondern mit einem allerdings ziemlich überraschenden und aus der Handlung keinesfalls zwingend sich ergebenden Happy-End.

Bei der Vertonung dieses Stoffes stand Puccini vor ganz ähn-

Caruso in dem „Mädchen aus dem Goldenen Westen"

lichen Problemen wie seinerzeit bei *Tosca*: eine musikalische Sprache zu finden, die einem wildbewegten, oft das Brutale streifendem Geschehen adäquat war. Er hat sich um eine solche mit erstaunlicher Kompromißlosigkeit und Konsequenz bemüht und ist dabei wesentlich über das hinausgegangen, was er in dieser Hinsicht in *Tosca* aufgeboten hatte, wobei allerdings einzuräumen ist, daß das wilde, barbarisch-primitive Milieu, in dem das *Mädchen* spielt, zu einer solchen Steigerung gegenüber *Tosca* aufforderte. In keiner anderen Oper Puccinis tritt die für ihn sonst so charakteristische lyrisch-weiche Kantilene so stark in den Hintergrund wie hier, keine — vielleicht mit Ausnahme der *Turandot* — ist so reich an harmonischen Härten und Kühnheiten. Ungewöhnlich viele unaufgelöste Dissonanzen prägen das Bild dieser Partitur über weite Strecken hin,

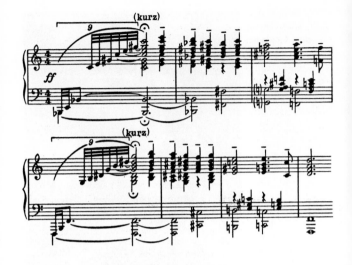

der Tritonus spielt als konstitutives Intervall eine große Rolle, und gelegentlich finden sich Stellen, die sich einem dodekaphonischen Klangbild annähern.

Ein wesentliches Element der kraftvollen Sprache des *Mädchens* ist der Rhythmus, der sonst bei Puccini meist nur eine untergeordnete Rolle spielt. Große Wirkungen weiß der Komponist insbesondere mit der hartnäckigen Wiederholung prägnant geformter rhythmischer Motive zu erzielen.

Wie in *Madame Butterfly* bemühte sich Puccini auch im *Mädchen* um ein fremdländisches Kolorit. Er benutzte dabei vor allem im ersten Akt originale amerikanische Volkslieder, erfand aber auch selbst Melodien in ihrem Stil. Als eine Art Leitmotiv, welches das Heimweh der Goldgräber symbolisiert, durchzieht die Oper in verschiedenen rhythmischen und harmonischen Varianten insbesondere eine schwermütige Weise, die unter dem Namen „The Old Dog Tray" bekannt geworden ist.

Erfindung Puccinis scheint dagegen das „indianische" Wiegenlied zu Beginn des zweiten Aktes zu sein, dessen eintönig pendelnde Melodie von Akkorden begleitet wird, deren Baßtöne im Tritonus-Verhältnis zueinander stehen.

Erwähnung verdient schließlich, daß auch die Ganztonleiter im *Mädchen* oft verwendet wird, so im sogenannten Liebesthema, in Minnies Gebet im zweiten Akt und im Thema des Sheriffs Rance:

Dabei muß daran erinnert werden, daß auch das Scarpia-Motiv in *Tosca* auf der Ganztonleiter beruht, daß also beide von ihrer dramaturgischen Funktion her so verwandten Gestalten mit denselben kompositorischen Mitteln charakterisiert werden.

Die Pokerpartie
bei der Urauf-
führung
(New York 1910)

Allein vom Musikalischen her betrachtet ist *Das Mädchen aus
dem Goldenen Westen* somit zweifellos ein bedeutendes Werk,
das manche für den Komponisten neuartige Züge aufweist.
Das stark kolportagehafte Libretto mit seinen vielen inneren
und äußeren Unwahrscheinlichkeiten dürfte deshalb vor allem
die Ursache sein, daß sich diese Oper nicht in gleicher Weise
auf den Bühnen durchgesetzt hat wie andere Werke aus
Puccinis Reifezeit.

La Rondine

Mit dem *Mädchen aus dem Goldenen Westen* hatte Puccini noch immer nicht jenen neuartigen Stoff gefunden, den er schon jahrelang suchte. Neu war an diesem Sujet allenfalls das Milieu des „Wilden Westens", und dieses mochte den Maestro schließlich bestimmt haben, sich nach so langem Suchen endlich zu entscheiden. Die gesamte Anlage des Stückes und der darin gestaltete Grundkonflikt jedoch setzten durchaus die Linie seiner vorhergehenden Opern fort. Puccini selbst scheint sich darüber im klaren gewesen zu sein, denn die nach der Uraufführung sofort wieder beginnende Jagd nach einem neuen Opernstoff geht deutlich in Richtung auf das Originelle, Abseitige und Unausgeschöpfte. Freilich fiel hier die Entscheidung besonders schwer, denn trotz allen Interesses am Neuen und Problematischen wollte Puccini doch auf den fesselnden und glaubhaften menschlichen Konflikt nicht verzichten.

Auch diesmal beteiligte sich Sybil Seligman eifrig an der Suche nach einem Sujet. Sie verwies auf „L'Oiseau Bleu" des belgischen Symbolisten Maurice Maeterlinck, auf Hermann Sudermanns naturalistisches Drama „Johannisfeuer", auf mehrere Werke des englischen Schriftstellers Richard Blackmore und auf das Schauspiel „Liliom" des ungarischen Dramatikers Ferenc Molnár. All diese Werke fanden zwar zunächst durchaus Puccinis Interesse, vermochten ihn aber doch nicht so intensiv zu fesseln, daß er sich zu einer Vertonung hätte entschließen können. Vor allem drängte es ihn jetzt stärker als je zuvor zur komischen Oper. Im Dezember 1910 hatte er in einem Interview, das er der „New York Herald Tribune" gab, gesagt, er sei der tragischen Sujets müde und seine nächste Oper würde unbedingt eine komische sein. Bald glaubte er auch in der spanischen Komödie „Anima Allegra" von Joaquin und Serafin Quintero die geeignete Vorlage gefunden zu haben. Als Textdichter empfahl Ricordi diesmal Giuseppe Adami, der bald einer der intimsten Freunde des Maestro wurde. Er begann sogleich mit der Arbeit. Doch obwohl das Textbuch schon allmählich Gestalt annahm, gab Puccini aus Gründen, die im einzelnen nicht ganz durchsichtig sind, im Herbst 1912 den ganzen Plan wieder auf.

Endgültig scheiterte in diesen Monaten auch der letzte Versuch einer Zusammenarbeit mit Luigi Illica. Er sowie der Kritiker Giovanni Pozza hatten dem Maestro ein eigenes, noch nicht literarisch vorgeformtes Sujet vorgeschlagen, und Puccini war Mitte September 1912 nach Mailand gefahren, um mit beiden zu konferieren; da er sich aber mit dem vorgeschlagenen Stoff, über den nichts Näheres bekannt ist, überhaupt nicht befreunden konnte, mußte er mit gänzlich leeren Händen heimkehren. In einem Brief an Illica vom 8. Oktober äußerte er sich verzweifelt über seine Untätigkeit und gab außerdem eine Andeutung, welches Ideal von Oper ihm vorschwebte:

Ich sagte Dir, daß ich noch immer das Publikum zum Weinen bringen möchte: darin liegt alles. Aber denkst Du, das sei leicht? Es ist schrecklich schwer, lieber Illica ... Liebe und Schmerz wurden mit der Welt geboren, und wir, die wir ein halbes Jahrhundert hinter uns haben, wissen genug vom Zusammenstoß beider. Deshalb müssen wir eine Geschichte finden, die uns mit ihrer Poesie und ihrer Liebe und ihrem Schmerz fesselt und uns bis zu dem Punkt begeistert, daß wir eine Oper aus ihr machen können. Aber ich wiederhole Dir (nicht, daß ich irgendeinen Zweifel in Dich setzte, niemals!), ich fühle mein Vertrauen ein wenig erschüttert und es beginnt mich zu verlassen. Denkst Du daran, daß ich die ganze Zeit über (seit der letzten Note der „Fanciulla") mit den Händen im Schoß dagesessen habe? Ich habe alles und jedes versucht, und was bis jetzt in meinen Händen geblieben ist, ist nichts als die Asche des Todes. Leb wohl; ich bin müde und verzweifelt.[59]

Dieser Brief ist einer der letzten, die Puccini an den alten Freund und Mitarbeiter richtete. Es dürfte für ihn nun klargeworden sein, daß eine gedeihliche Zusammenarbeit mit ihm nach dem Tode Giacosas nicht mehr zu erwarten war. Aber es scheint, als hätte er sich dennoch nicht leichten Herzens von dem Manne getrennt, der am Erfolg jener Opern, die seinen Weltruhm begründeten, bedeutenden Anteil hatte.

Man kann die Ratlosigkeit Puccinis, seine fast fieberhafte Gier nach einem wirklich neuen Sujet in dieser Zeit daran ermessen, daß er, wahrscheinlich auf Drängen Tito Ricordis, noch ein letztes Mal bei Gabriele d'Annunzio anklopfte, obwohl der Versuch einer Zusammenarbeit mit dem prätentiösen Dichter schon zweimal gescheitert war. Auf einer Reise nach Marseille besuchte Puccini d'Annunzio in Arcachon, und dieser hatte sofort den Vorschlag einer Oper mit dem Titel „La Crociata degli Innocenti" parat, deren Thema die mittelalterlichen Kinderkreuzzüge sein sollten. Puccini fand anscheinend Interesse daran, und der Dichter erklärte sich bereit, das Libretto bald zu liefern. Als es jedoch im Januar 1913 in Torre del Lago eintraf, war Puccini von der mystischen Tendenz des Stückes arg enttäuscht. Sie war ihm so fremd, so wenig nachempfindbar, daß er das Libretto sofort zurückschickte. Danach ist es niemals wieder zu einer Annäherung der beiden prominentesten Künstler des damaligen Italien gekommen.

Wenigstens teilweise gewann in dieser Zeit ein anderer Plan Gestalt, der im Gegensatz zu den vielen wieder aufgegebenen Projekten zwar nicht jetzt, aber doch später ausgeführt werden sollte: der Plan eines Zyklus von drei Einaktern unter dem Titel *Triptychon*. Die Idee hatte Puccini schon bald nach der *Tosca* ergriffen, wobei ihm eine analoge Anlage wie Dantes „Göttliche Komödie" mit ihren drei Teilen Inferno, Purgatorio und Paradiso vorschwebte. Er hatte damals schon versucht, Sujets für die einzelnen Opern zu finden, war aber damit nicht

Im Arbeitszimmer

weit gekommen, zumal auch Giulio Ricordi dem Projekt wenig Sympathien entgegenbrachte. Dennoch hatte sich der Gedanke an eine solche Operntrilogie in ihm festgesetzt. Als er im Frühjahr 1913 in Paris eine Aufführung des einaktigen Schauspiels „La Houppelande" von Didier Gold sah, stand es für ihn sofort fest, daß er hier das Sujet für eine der Opern des geplanten *Triptychon* vor sich hatte. Ein Freund Puccinis, der fast siebzigjährige Schriftsteller und Politiker Ferdinando Martini, fand sich bereit, die Bearbeitung des Textbuches zu besorgen, kam damit aber nur sehr langsam vorwärts. Da der Maestro die Geduld verlor, griff Giuseppe Adami ein und stellte das Libretto in kurzer Zeit fertig. Bereits gegen Ende 1913 hielt es Puccini in den Händen. Es trug den Titel *Il Tabarro* (Der Mantel).

Die Komposition gedieh rasch verhältnismäßig weit. Daß sie aber dann doch für drei Jahre beiseite gelegt wurde und daß Puccini keine energischen Anstrengungen unternahm, die zwei übrigen Opernsujets für den Zyklus zu finden, hat seinen Grund vor allem in einer merklichen Trübung des Verhältnisses zu seinem Verleger Ricordi. 1912 war Giulio gestorben, der Seniorchef des Hauses, der Puccinis Schaffen von Anfang an gefördert hatte und dem sich der Maestro weit über die sachlich-geschäftliche Basis eines Verlagsvertrages hinaus verbunden fühlte. Sein Sohn Tito, nun alleiniger Leiter des

Der Autofahrer

Unternehmens, konnte gegenüber Puccini nicht, wie sein Vater, die Autorität und Erfahrung des wesentlich Älteren geltend machen; trotzdem suchte er autokratisch und rechthaberisch seinen Willen stets rigoros durchzusetzen. Daß es dabei zu starken Spannungen zwischen ihm und Puccini kommen mußte, liegt auf der Hand. Zudem empfand es Puccini als Kränkung und Zurücksetzung, daß Tito Ricordi den jungen Komponisten Riccardo Zandonai recht demonstrativ förderte. Gewiß mußte es nicht unbedingt als Affront gegen Puccini verstanden werden, wenn sich der Verleger stärker der Propagierung eines Anfängers widmete als dem Werk eines erfolgreichen Komponisten, der diese Propagierung nicht unbedingt mehr brauchte — Puccini aber war in diesem Punkte empfindlich, und es wurde ihm bald klar, daß es zwischen ihm und Tito niemals zu einem ersprießlichen, geschweige denn herzlichen Verhältnis würde kommen können, ja, daß ein Bruch mit der Firma über kurz oder lang unausbleiblich sein würde. Doch fühlte er sich andererseits dem Verlag zu lange verbunden, um diesen Bruch zu wünschen und ihn bewußt und rasch herbeizuführen. Das ist auch der Grund, weshalb er ein sehr vorteilhaftes Angebot der Wiener Firma Herzmanky-Doblinger ablehnte, die sich für 400 000 Kronen um die Rechte an einem Opernprojekt bewarb, dessen Grundlage die Novelle „Due Zoccoletti" („Zwei kleine Holzschuhe") der aus England stammenden, aber in Italien lebenden Schriftstellerin Louise de la Ramée (Pseudonym: Ouida) bilden sollte und das Puccini Anfang 1914 einige Zeit beschäftigte.

Als Puccini im Oktober 1913 zur ersten Aufführung der *Fanciulla* in Wien war, hatten ihm die Direktoren des Carl-Theaters, Otto Eibenschütz und der später durch seine Schubert-Operette „Dreimäderlhaus" unrühmlich bekannt gewordene Heinrich Berté, vorgeschlagen, für Wien eine Operette zu schreiben. Sie sollte halb komisch, halb „gefühlvoll" sein und nicht mehr als acht bis zehn musikalische Nummern, verbunden durch gesprochene Dialoge, umfassen. Dafür boten sie eine Summe zwischen zwei- und vierhunderttausend Kronen. Trotz dieses sehr hohen Honorars hatte Puccini zunächst mit Rücksicht auf seine Verlagsverbindung zu Ricordi gezögert. Im Frühjahr 1914 verschlechterte sich sein Verhältnis zur Firma jedoch so sehr, daß er sich ihr nicht mehr verpflichtet glaubte. Er war zu dieser Zeit zur Neuinszenierung der *Tosca* mit Maria

Jeritza in der Titelpartie abermals nach Wien gefahren, begleitet von Carlo Clausetti als Vertreter des Verlagshauses, da Tito Ricordi in Neapel die Uraufführung der Oper „Francesca da Rimini" von Riccardo Zandonai vorbereitete. Puccini mußte es als starken Affront empfinden, als zwei Tage vor der *Tosca*-Aufführung Clausetti plötzlich telegrafisch nach Neapel beordert wurde. Da trotz seines Protestes Tito Ricordi auf der Abreise Clausettis bestand, sah Puccini kein Hindernis mehr, den für ihn finanziell so günstigen Vertrag mit den Wiener Theaterunternehmern zu schließen.

Bereits im Frühsommer 1914 hielt er ein Szenarium von Alfred Maria Willner, dem „Hauslibrettisten" Franz Lehárs, in den Händen, das er jedoch als äußerst erbärmlich ablehnen mußte. Deshalb entwarf Willner zusammen mit Heinz Reichert ein neues Sujet. Im Juli des gleichen Jahres trafen sich Eibenschütz, Berté und Willner mit Puccini in Mailand und unterbreiteten ihm das Textbuch, das ihn zwar nicht eben begeisterte, ihm aber auch nicht mißfiel. Begierig, sich in eine neue Arbeit zu stürzen, stimmte er zu und beauftragte Giuseppe Adami, eine italienische Übersetzung als Grundlage seiner Vertonung anzufertigen. Sie war eben vollendet, als der erste Weltkrieg ausbrach, ein Ereignis, das Puccinis Arbeitsfähigkeit zunächst für einige Wochen lähmte. Doch war er etwa ab Mitte September intensiv mit dem neuen Werk beschäftigt. Aufschluß darüber und über seine Einschätzung dieser Oper gibt ein Brief an Sybil Seligman, geschrieben am 14. September:

...ich habe nun wieder begonnen und bin darüber froh. „La Rondine" (Die Schwalbe) heißt die kleine Oper, die im Frühjahr fertig sein wird; es ist eine leichte, gefühlvolle Oper mit einem Anflug von Komödie — aber sie ist angenehm, klar, leicht zu singen, mit Walzermusik und munteren, bezaubernden Melodien. Wir werden sehen, wie es geht — es ist eine Reaktion auf die abstoßende Musik von heute, die, wie Du so gut sagst, genau wie der Krieg ist.[60]

Man spürt aus diesem Briefe deutlich, daß Puccini dem neuen Werk keine übergroße Bedeutung beilegte; er sah die Arbeit an ihm als eine Ablenkung von den deprimierenden Kriegsereignissen und vielleicht auch von den trüben persönlichen Erfahrungen der vergangenen Jahre an und war wohl überhaupt froh, endlich wieder komponieren zu können.

Aber wie es ihm fast immer ging, so war es auch diesmal: Das

Einverständnis mit dem Textbuch hielt nicht lange vor, bald stellten sich Zweifel ein. Sie galten vor allem dem zwischen den einzelnen Musiknummern stehenden gesprochenen Dialog, den Adami deshalb in Verse brachte, so daß er komponiert werden konnte. Aus der kleinen, anspruchslosen Operette wurde also unversehens eine durchkomponierte Oper. Dies aber erforderte wiederum Änderungen der Handlungsführung und szenischer Details, denn viele Szenen, die in einer Operette möglich gewesen wären, waren es in einer Oper nicht. Fast unausgesetzt forderte Puccini von Adami neue, teilweise sehr eingreifende Änderungen, bis schließlich ein Textbuch zustande gekommen war, das offenbar mit dem ursprünglichen — es ist nicht bekannt geworden — nur noch wenig gemein hatte.

Zu so entscheidender Umarbeitung bedurfte es natürlich der Einwilligung der Wiener Auftraggeber, die jedoch sehr rasch, ohne jeden Einwand, gegeben wurde. Giuseppe Adami sollte nun als Librettist gelten, während Willner und Reichert später die deutsche Einrichtung und Übersetzung besorgen würden. Indessen wurden diese Abmachungen durch den Krieg ohnehin unerfüllbar, denn seit dem Mai 1915 war Österreich für Italien feindliches Ausland. An eine Uraufführung, auf die Wien laut Vertrag ein Anrecht hatte, war also zunächst nicht zu denken. Dies mag auch der Grund gewesen sein, weshalb sich die Vollendung der Oper bis Ostern 1916 hinzog. Da Puccini im Vertrag mit Wien die Publikationsrechte behalten hatte, bot er das Werk zunächst vergeblich Ricordi an. Daraufhin wandte er sich an dessen Konkurrenten Lorenzo Sonzogno, der sich höchst interessiert zeigte und über die neutrale Schweiz Verbindung mit den Wiener Auftraggebern aufnahm. Diese waren bereit, ihm alle Rechte, einschließlich des Rechtes an der Uraufführung, zu verkaufen. So waren nun alle Hindernisse ausgeräumt, und La Rondine wurde als einzige Oper Puccinis Eigentum des Verlegers Sonzogno.

Die Uraufführung fand noch während des Krieges statt — sie wurde an das Theater in Monte Carlo vergeben. Am 27. März 1917 ging La Rondine dort, ausschließlich von italienischen Sängern dargeboten, zum ersten Male über die Bühne. Der Beifall, den sie fand, war überaus stürmisch. Die Kritik rühmte an der Oper „reiche Inspiration, Frische und jugendlichen Charme". Aufführungen in Bologna, Mailand, Rom,

Neapel, Buenos Aires und Rio de Janeiro schlossen sich fast unmittelbar an. Kurz nach Kriegsende, 1919, unterzog Puccini die Oper einer Revision, doch stellte er für die Aufführung an der Volksoper Wien im Oktober 1920 eine dritte Fassung her, die, von einigen Textänderungen abgesehen, mit der ersten fast völlig übereinstimmt.

Als einziges Werk aus Puccinis Reifezeit ist *La Rondine* heute von den Bühnen der Welt völlig verschwunden. Vertieft man sich in die Partitur und fragt man nach den Ursachen, so treten sie bald deutlich zutage. Vor allem fällt der hybride Charakter des Werkes auf, das sich für eine Operette zu anspruchsvoll, für eine Oper aber zu oberflächlich gibt und Elemente beider Gattungen bedenkenlos mischt. Es ist Adami nicht gelungen, das Libretto gänzlich von allem Operettenhaften zu befreien und ihm menschliche Vertiefung und Glaubhaftigkeit abzugewinnen. Was er schließlich dem Komponisten als Fabel in die Hand gab, war nicht mehr als eine reichlich banale und larmoyante Liebesgeschichte zwischen einer Bankiersgattin und einem Studenten im Paris des zweiten Kaiserreichs. Mosco Carner hat in seiner Puccini-Biographie mit Recht darauf hingewiesen, daß nicht nur Zeit und Ort der Handlung, sondern auch viele Einzelmotive auffällig an Verdis „La Traviata" erinnern. Aufschlußreicher für den Standort des Werkes als diese Übereinstimmungen sind aber die Punkte, worin sich die beiden Libretti unterscheiden. Gibt Verdi ein Sittenbild des Frankreich seiner Zeit von bestürzendem Realismus, ist bei ihm die Handlung gesellschaftlich genau determiniert, so fehlen in *La Rondine* gerade diese gesellschaftskritischen Momente und der ständige Bezug auf einen realen historischen Hintergrund völlig. Das Stück spielt in einer eleganten, parfümierten Welt, die in ihrer Brüchigkeit nicht durchschaut wird; an seinem Ende steht keine tragische Katastrophe, sondern ein sentimental ausgekosteter Verzicht. Dem „sentimentalen" Liebespaar Magda und Ruggiero suchten die Autoren mit dem Dienstmädchen Lisette und dem Dichter Prunier das typische Buffopaar der Operette gegenüberzustellen. Allerdings gelang es ihnen nicht, ein ausgewogenes Verhältnis zwischen den „gefühlvollen" und den heiteren Szenen zu finden. Lisette ist überaus deutlich dem Modell der Adele aus Johann Strauß' „Fledermaus" nachgebildet. Auch ein wichtiges Handlungsmotiv entlehnten die Autoren dieser

Rosanna Carteri
in „La Rondine"

Operette: das gemeinsame Erscheinen der beiden Frauen auf
einem Ball in vertauschten Kleidern.

Die entscheidenden Schwächen des Librettos vermag auch die
Musik nicht zu überdecken. Gewiß gibt es bedeutende Einzel-
heiten in dieser Partitur, aber im ganzen spiegelt sich die
Unwahrheit des Librettos doch in einer Musik wider, die
immer Gefahr läuft, ins Sentimental-Rührselige abzusinken.
Die Nähe zur spätbürgerlichen Operette, wie sie etwa Franz
Lehár vertritt, ist deutlich zu spüren. Es mag in diesem
Zusammenhang aufschlußreich sein zu vermerken, daß
Puccini Lehár und dessen Musik schätzte, daß er ihn gelegentlich in Wien besuchte und sich für sein Schaffen interessierte.
Anscheinend besaß er kein Gefühl für die sentimentale Unwahrheit der Lehárschen Musik und ihre ambitionierte Bana-
lität sowie für die tiefe Fragwürdigkeit seiner sich in verlogener
Tragik ergehenden Libretti. In keiner anderen Oper kommt
er der banal-mondänen Gefühlswelt der Lehárschen Musik so
nahe wie in *La Rondine*; ein charakteristisches Beispiel möge
das belegen:

Das Werk zeigt mit erschreckender Deutlichkeit, daß es selbst für einen spätbürgerlichen Künstler vom Range Puccinis kaum noch möglich war, eine einfache und verständliche Musik zu schaffen, ohne der Gefahr des Verflachens zu erliegen. In einer Welt, in der echtes und schlichtes menschliches Fühlen immer mehr verdrängt wird, vermag es auch die Musik nur zu bewahren unter dem Risiko ihrer Verflachung. Das scheint der letzte Grund dafür zu sein, daß Puccini auch in anderen Werken nicht immer der Gefahr des Absinkens ins Banal-Abgegriffene entging. Daß sich eine ähnliche Problematik auch im Werke von Puccinis Zeitgenossen Richard Strauss, zumal nach dessen „Rosenkavalier" (1910), zeigt, macht noch einmal deutlich, wie schwer es für die spätbürgerlichen Komponisten insgesamt geworden war, eine einfache Sprache zu sprechen, ohne der Flachheit zu verfallen.

Die Pariser Atmosphäre suchte Puccini, wie schon in *La Bohème*, durch ein Walzerthema einzufangen, das als eine Art Leitmotiv mehrmals wiederkehrt und nach dem Vorbild impressionistischer Harmonik durchweg mit parallelen Akkorden begleitet wird:

Eine für Puccini ganz ungewöhnliche Stelle, die seine Kenntnisse der avancierten zeitgenössischen Musik verrät, ist die bitonale Phrase, mit der das Dienstmädchen Lisette charakterisiert wird:

Solche interessante Einzelheiten vermögen jedoch an der Gesamteinschätzung des Werkes nichts zu ändern.

Daß sich Puccini ausgerechnet in den Jahren des ersten Weltkrieges mit diesem unverbindlichen und läppischen Stoff beschäftigte, in den auch nicht eine Spur von der Problematik der Zeit eingegangen ist, beweist klar, wie wenig er die Tragweite des Geschehens begriff. Gewiß litt auch er — wie gelegentliche Äußerungen bezeugen — unter dem Gedanken an das Völkermorden und unter den Einschränkungen, die der Krieg ihm auferlegte — aber über eine gefühlsbetonte Ablehnung kam er nicht hinaus, geschweige denn, daß es ihm möglich gewesen wäre, zu den Ursachen der Ereignisse vorzudringen. Mit Rücksicht darauf, daß seine Opern auch in den Ländern gespielt wurden, die Italien jetzt feindlich gegenüberstanden, glaubte er sich in seinen Äußerungen zu strikter Neutralität verpflichtet, was ihm von seiten der nationalistisch eingestellten italienischen Presse kränkende Anschuldigungen einbrachte. Durch die Arbeit an einem von der Problematik der Gegenwart denkbar weit abliegenden Werk suchte er sich von all diesen Bedrückungen zu befreien, ohne zu erkennen, daß gerade diese Flucht ins Unverbindliche seiner Oper den Lebensnerv brach, denn niemals entsteht aus dem Rückzug vor der Wirklichkeit ein authentisches, gültiges Kunstwerk.

Triptychon

Noch mit den letzten Arbeiten an *La Rondine* beschäftigt, wandte sich Puccini im Oktober 1915 wieder dem zwei Jahre zuvor beiseite gelegten Einakter *Der Mantel* zu. Ende November 1916 lag die Partitur des Werkes vollendet vor. Gleichzeitig hatte Puccini intensiv nach Vorwürfen für die noch fehlenden zwei Opern des Zyklus gesucht und auch Adami gebeten, sich umzusehen und ihm Vorschläge zu machen. Indessen stieß Adami auf nichts Geeignetes; statt seiner fand Puccini jedoch in dem sehr vielseitigen, als Sänger, Journalist und Regisseur tätig gewesenen Giovacchino Forzano einen ungemein ideenreichen neuen Librettisten. Als ihn der Maestro in den Plan des Einakterzyklus einweihte, hatte er sofort einen Vorschlag für die zweite Oper parat, der Puccini anscheinend spontan fesselte: die Geschichte von der Mutterschaft der Nonne Angelica. Das Milieu war dem Maestro bestens vertraut von Besuchen bei seiner Lieblingsschwester Ramilda, die Vorsteherin eines Klosters in Vicopelago bei Lucca war. Er griff sofort zu und beauftragte Forzano, ein Libretto zu schreiben, das dieser auch rasch zustande brachte.

Die Entstehungsgeschichte dieser sowie der dritten Oper des Zyklus ist nicht in allen Einzelheiten zu übersehen, da der Briefwechsel zwischen Puccini und Forzano nicht bekannt geworden ist. Doch scheint sicher, daß es zwischen Librettisten und Komponisten diesmal kaum entscheidende Diskussionen gab, daß Puccini ziemlich widerstandslos alles akzeptierte, was ihm Forzano vorschlug. Auch die Komposition, mit der er sofort nach Vollendung des *Mantel* beginnen konnte, ging rasch und leicht vonstatten, ohne die sonst so häufigen Zweifel und Depressionen.

Inzwischen suchte Forzano nach dem Sujet für die dritte Oper, die unbedingt eine komische sein sollte. Eine knappe, aus nicht mehr als drei Zeilen[61] bestehende Erwähnung des Testamentfälschers Gianni Schicchi im 30. Gesang des Inferno aus Dantes „Göttlicher Komödie" gab schließlich die Anregung dazu, die Forzano mit großem Geschick zu einer bezaubernden

Komödie ausbaute. Ob es Puccini war, der auf diese glückliche Idee kam — wir wissen, daß er sich viel mit Dantes Dichtung beschäftigte — oder ob Forzano der Anreger war, ist nicht mehr auszumachen. Jedenfalls vollendete der Dichter auch dieses Libretto in sehr kurzer Zeit, und als er es Puccini vorlegte, war dieser so davon begeistert, daß er die Arbeit an *Suor Angelica* zunächst unterbrach und sofort mit der Komposition der Komödie begann. Hier war ihm endlich ein lang gehegter Wunsch erfüllt worden, er hatte die komische Oper gefunden, nach der er so lange gesucht hatte und der er sich nun endlich auch künstlerisch gewachsen fühlte.

Für kurze Zeit freilich kamen ihm doch noch einige Zweifel, ob es ihm gelingen würde, das Fluidum des Florenz der Frührenaissance mit seiner Musik einzufangen. Deshalb wandte er sich, noch bevor *Gianni Schicchi* fertig war, doch wieder der *Suor Angelica* zu und beendete deren Partitur im September 1917. Danach kehrte er sofort zum *Gianni Schicchi* zurück, und am 20. April 1918 war die Oper und mit ihr der gesamte dreiteilige Zyklus vollendet. Zusammen mit seinen Freunden suchte Puccini dann noch den Titel für das Gesamtwerk: Es sollte ein Begriff sein, der eine Dreiheit von Dingen bezeichnete. Die Wahl fiel schließlich auf *Il Trittico* (Das Triptychon). Damit wurde zum Ausdruck gebracht, daß die drei Opern trotz der Unterschiede im Milieu und in der Zeit, worin sie spielen, eine innere Einheit bilden.

Das neue Werk übergab Puccini wieder dem Verlagshaus Ricordi, mit dessen Chef er sich einigermaßen ausgesöhnt hatte. Die Uraufführung sollte zuerst in Rom stattfinden, doch erwies sie sich dort wegen der Nachwirkungen des Krieges — viele Sänger standen noch im Heeresdienst — zunächst als unmöglich. Deshalb nahmen Puccini und Ricordi ein Angebot der Metropolitan Opera New York an und übertrugen ihr die Uraufführung. Am 14. Dezember 1918 ging das *Triptychon* zum ersten Male über die Bühne. Dabei fand allein *Gianni Schicchi* begeisterte Zustimmung, während *Der Mantel* und *Schwester Angelica* kühl aufgenommen wurden. Puccini war bei dieser Uraufführung nicht anwesend, weil kurz nach dem Ende des Krieges eine Reise über den Ozean noch nicht wieder möglich war — es war das einzige Mal in seinem Leben, daß er nicht zugegen sein konnte, als eine seiner Opern aus der Taufe gehoben wurde.

Indessen fand schon wenig später, am 11. Januar 1919, im römischen Teatro Costanzi die italienische Erstaufführung statt. Wie in New York galt auch diesmal der Beifall vor allem der das Werk abschließenden komischen Oper. Das Unverständnis, auf das insbesondere *Schwester Angelica* auch bei späteren Aufführungen stieß, hat Puccini um so mehr gekränkt, als er selbst diese Oper für die beste des Zyklus hielt. Diese Wertschätzung des Komponisten, die freilich auch von der Nachwelt nicht geteilt wurde, spricht deutlich aus einem zwei Jahre später, am 20. Januar 1921, geschriebenen Brief an Sybil Seligman, in dem es heißt: *Ich habe protestiert, daß Ricordi die Erlaubnis gegeben hat, den ,,Mantel" und ,,Schicchi" ohne ,,Angelica" aufzuführen — es macht mich wirklich unglücklich, die beste der drei Opern beiseite gelegt zu sehen. In Wien war sie die wirkungsvollste der drei...*[62]

Als Zyklus von drei Opern, deren Sujet nach Ort, Zeit und Aussage weit voneinander abliegen, die aber dennoch als Einheit gedacht sind, ist das *Triptychon* ein Unikum der Operngeschichte, Puccini hat stets, wie der zitierte Brief zeigt, die innere Zusammengehörigkeit dieser Werke nachdrücklich betont. Dennoch hat die Opernpraxis sie nicht akzeptiert. Wenn aber heute auch vollständige Aufführungen des *Triptychon* kaum noch stattfinden, hat die Beurteilung des Werkes doch von der Intention des Komponisten auszugehen. Diese zielt darauf, aus dem Mosaik dreier stark gegeneinander kontrastierender Handlungen ein umfassendes Panorama menschlicher Leidenschaften aufzubauen, Dantes ,,Göttlicher Komödie" eine menschliche Komödie gegenüberzustellen, die Tragisches und Komisches umfaßt. Deutlich ist der Wille zu spüren zu einer totalen Sicht der menschlichen Existenz, die in einem einzigen Werk in wirklicher Fülle zu realisieren Puccini bis dahin unmöglich war.

Ähnlich wie bei Shakespeare werden Tragik und Komik als zwei polar einander gegenüberstehende und sich zugleich gegenseitig bedingende Möglichkeiten dramatischer Menschengestaltung verstanden, aber es wird darauf verzichtet, sie in der Einheit eines Werkes zur Synthese zu zwingen. Hier zeigt sich, daß für einen spätbürgerlichen Künstler wie Puccini die Gegensätze einer kompliziert und undurchschaubar gewordenen Welt nicht mehr in der Form als Einheit zu begreifen waren wie beispielsweise für Shakespeare, der in seinem Werk

die Ideologie des aufsteigenden Bürgertums reflektierte. Und
überaus bezeichnend ist es, daß Puccini eine solche Durchdringung von tragischen und komischen Elementen in seiner
nächsten Oper, der *Turandot,* zwar doch noch gelang, aber auf
dem Boden einer märchenhaften Fabel, die einer solchen
Absicht weit entgegenkam.

Das *Triptychon* spannt einen weiten Bogen von der düsteren
Tragödie des *Mantels* über die mystisch getönte *Schwester
Angelica* bis hin zur buffonesken Heiterkeit des *Gianni Schicchi,*
eine Entwicklung also, die aus Dunkelheit ins Licht führt. Es
gibt kein anderes Werk Puccinis, das so kompromißlos in fahle
Farben getaucht wäre wie der *Mantel,* in dem die lastende
Düsternis der Atmosphäre nur selten ein wenig aufgehellt
wird. Die Vorlage, das Schauspiel von Didier Gold, ist ein
typisches Werk des französischen Naturalismus Zolascher
Prägung, schonungslos in der Darstellung des Elends, der
Bedrückung und der — scheinbaren — Ausweglosigkeit des
Pariser Proletariats im späten 19. Jahrhundert. Gerade das
aber war es, was Puccini faszinierte: Hier hatte er wirklich
einen unverbrauchten Stoff gefunden, ein Milieu, das auf der
Opernbühne noch nie gestaltet worden war, wenn man von
Gustave Charpentiers ,,Louise" (1900) absieht.

,,Der Mantel", Komische Oper Berlin (1952)

Zum erstenmal stehen in Puccinis *Mantel* Arbeiter auf der Bühne, und zwar durchaus nicht als anonyme Masse gezeichnet, sondern als Individualitäten, von denen jede anders auf die Unterdrückung reagiert: da begegnet dumpfe Ergebung in ein glückloses Dasein ebenso wie die Trostsuche im Alkohol, aber auch — bei Georgette und Henri — eine unbezwingbare Sehnsucht nach einem menschenwürdigen Leben, ein Drang, der Bedrückung eines unerfüllten Daseins zu entgehen, der sich in Henris großem Ausbruch fast bis zu echtem revolutionärem Aufbegehren steigert[63]:

gio - ne: me - glio non pen - sa - re...

Sostenendo — poco rall.

— Pie - ga - re il ca - po ed in cur - var la schie - na!

Es verdient in diesem Zusammenhang Interesse, daß sich dieser vehemente Ausbruch Henris, hinter dem eine Ahnung von der Kraft des sich seiner selbst bewußt werdenden Proletariats aufzudämmern scheint, in Golds Schauspiel nicht findet, sondern erst auf Puccinis Wunsch von Adami eingefügt wurde. Es ist dies, von der Tilgung einer Nebenhandlung abgesehen, eine der wenigen Änderungen, die das Libretto gegenüber dem Schauspiel aufweist. Die Stelle ist erstaunlich, weil sie zeigt, daß ein Künstler wie Puccini, der allen politischen Problemen fernstand und der sich selbst wohl für „unpolitisch" hielt, hier doch die Wirklichkeit seiner Zeit und die bewegenden Kräfte der Geschichte spontan und intuitiv scharf zu erfassen vermochte.

Um den Stoff ein wenig operngemäßer zu gestalten, ließ Puccini außerdem das Liebespaar als Randfiguren in die Handlung einfügen, wodurch das Werk einige lyrische Elemente erhielt, die sich indessen niemals in den Vordergrund drängen. Auch wurde auf die naturalistisch-dialekthafte Färbung verzichtet, die der Text bei Gold hat, da sie im Italienischen ohnehin nur annähernd wiederzugeben gewesen wäre. Vertieft man sich in die Partitur des *Mantels*, so spürt man sehr bald, daß hier ein Werk von großer Reife, von erstaunlicher Geschlossenheit und stärkster Eindringlichkeit der Wirkung gelungen ist. Großartig meistert Puccini die Probleme, die sich aus der für ihn ungewöhnlichen einaktigen Anlage des Librettos ergeben: Er formt die Charaktere und Situationen knapp und ungemein einprägsam. Die ganze Oper hindurch wird die düstere, lastende Grundstimmung festgehalten, die gleich zu Beginn eingefangen wird in dem fahl-monotonen „Flußthema", das zugleich die trüb und träge dahinfließende Seine charakterisieren soll.

So sehr ist diese trübe Atmosphäre in der Oper beherrschend, daß selbst das Liebesduett zwischen Georgette und Henri nicht den bei Puccini sonst üblichen lyrischen Schmelz hat, sondern einen merkwürdig gedrückten, engräumigen Eindruck macht.

158

fra spa-si-mi e pa - u - re...

In den dramatischen Szenen der Oper, wie zum Beispiel in Marcels großem Monolog *Fließe, ewiges Wasser,* vermag Puccini große Steigerungen aufzubauen, ohne jedoch den beschriebenen Grundgestus seiner Musik aufzugeben.

Vergleicht man den *Mantel* insgesamt mit dem *Mädchen aus dem Goldenen Westen* — die unmittelbar vorangehende *Rondine* liegt thematisch zu weit ab, als daß sie ein sinnvolles Vergleichsobjekt sein könnte —, so fällt fast durchweg die lapidare und manchmal fast karge Einfachheit auf, mit der Puccini diesen Stoff behandelt. Besonders deutlich wird das in der Harmonik des Werkes, die keineswegs sonderlich modern wirkt und von Chromatik und harmonischen Raffinessen, wie sie Puccini sonst liebt, kaum Gebrauch macht. Allerdings finden sich gelegentlich bitonale Partien: schon das die Oper eröffnende „Flußthema" mit seinen parallelen Akkorden bleibt tonartlich merkbar in der Schwebe. Zweifellos verraten solche Stellen Puccinis Kenntnis insbesondere der französischen Musik seiner Zeit und des Schaffens von Igor Strawinsky. Auch die „verstimmte" Melodie des Leierkastens mit den charakteristischen großen Septimen dürfte durch das Vorbild Strawinskys angeregt sein.

Tempo di Valzer moderato

Schwester Angelica, die zweite Oper des Zyklus, führt in ein italienisches Kloster des 17. Jahrhunderts. In ihr geht es wieder um ein Grundthema Puccinis, das ganz ähnlich in *Madame Butterfly* gestaltet wurde: um den Konflikt zwischen dem natürlichen menschlichen Empfinden und einer grausam-kalten, auf die Wahrung der Konventionen bedachten Welt. Es wird dargestellt an einer „Heldin", die ganz so gezeichnet ist wie die meisten der puccinischen Frauengestalten: zart, sensibel, der Welt nichts anderes entgegensetzend als die Echtheit ihres Fühlens und darum an ihr innerlich zerbrechend. Was uns heute an dieser Fabel einigermaßen peinlich berührt, ist die nebulöse Mystik, in die sie sich auflöst. Das Erscheinen des Kindes am Schluß, mit dem die Realität der Handlung durchbrochen und eine Scheinlösung herbeigeführt wird, gibt dem Werk einen süßlich-verschwommenen Charakter. Es scheint, als läge darin auch der Grund, weshalb *Schwester Angelica* schon bei der Uraufführung so geringe Resonanz fand.

Dabei ist die Partitur durchaus ihres Meisters würdig. Wie im *Mantel* wird auch hier eine Grundfarbe das ganze Werk über durchgehalten: die Atmosphäre des Religiösen, für die Puccini vorwiegend zart-ätherische, lyrisch getönte Klänge findet.

Bühnenbild für „Schwester Angelica" (Perro Stroppa)

Es ist nicht zu bezweifeln, daß Jugendeindrücke, Erinnerungen an frühe musikalische Erlebnisse in den Kirchen Luccas, in diese Oper eingegangen sind, veredelt durch die kompositorische Erfahrung des reifen Künstlers.[64] Vielfältig sind die Mittel, mit denen dem Hörer die sakrale Atmosphäre suggeriert wird: Melodien pentatonischen Charakters, kirchentonartliche Wendungen in der Harmonik, psalmodierende Tonrepetitionen dienen dazu ebenso wie eine auffällige Vorliebe für langsame Tempi und die sehr aufgelichtete Orchesterbehandlung, die den Blasinstrumenten eine wichtige Rolle zuweist und häufig Erinnerungen an den Orgelklang wachruft. Sicher kann es Puccini nicht durchweg verhindern, daß die Allgegenwart dieses lyrisch-sakralen Idioms zuweilen den Eindruck einer gewissen Blutleere hinterläßt, doch stößt man andererseits in dieser Oper an vielen Stellen auf ungemein reizvolle, sublime Klänge von ganz eigenartiger, pastellener Färbung.

Die einzige dramatische Szene in dieser sonst an dramatischen Akzenten sehr armen Partitur ist die zwischen Schwester Angelica und ihrer Tante. Zusammen mit der anschließenden großen Klage Angelicas ist sie die zentrale Szene der ganzen Oper. Mit der Partie der Fürstin hat Puccini die einzige bedeutungsvolle Rolle für eine tiefe Frauenstimme innerhalb seines gesamten Werkes geschaffen. Zugleich begegnet uns in dieser kalten und verhärteten Frau, die gegenüber Angelica unnachgiebig die Forderungen der Konvention vertritt, zum erstenmal bei Puccini eine weibliche Gegenspielerin der Heldin. Dem Maestro gelang hier eine bedeutsame psychologische Studie; kein „negativer Typ", kein satanisches und schlechthin böses Weib steht vor uns, sondern ein bei aller Härte, ja selbst Grausamkeit des Charakters doch differenziert und vielschichtig gezeichneter Mensch. Es ist in diesem Zusammenhang aufschlußreich, daß das Thema der Fürstin

nicht, wie das Scarpias, ein maskenhaft starres, zu keiner Entwicklung fähiges Gebilde ist, sondern sich als ein verhältnismäßig flexibler musikalischer Gedanke erweist, der auch tatsächlich in verschiedenartiger Gestalt, beispielsweise mit veränderten Intervallen, in der Oper auftritt. So ist etwa auch die Baßlinie

deutlich erkennbar aus ihm abgeleitet.
Kein größerer Gegensatz ist denkbar als der zwischen der zarten, ätherischen *Schwester Angelica* und dem turbulenten,

heiterste Buffolaune versprühenden *Gianni Schicchi,* der das *Triptychon* beschließt.

Ein großartiges Libretto hat Forzano buchstäblich aus dem Nichts gezaubert, denn Dantes „Göttliche Komödie" bot nicht mehr als den mageren Ausgangspunkt der Fabel, die zu entwickeln und mit Kolorit zu erfüllen dem Textdichter aufgegeben war. Die Geschichte von Gianni Schicchi, der das Testament des verstorbenen reichen Buoso Donati noch einmal diktiert und dabei die habgierigen Verwandten um ihr Erbteil prellt, erweist sich in Forzanos und Puccinis Formung als ein schlechthin idealer Stoff für eine komische Oper, der es gestattet, die typischen Laster des Bürgers, Geiz und Habsucht, in vielfältigen Schattierungen einem befreienden Lachen auszuliefern, die Heuchelei zu entlarven und diesem Panorama menschlicher Unzulänglichkeit mit dem bauernschlauen Gianni Schicchi und dem Liebespaar Lauretta und Rinuccio Gestalten gegenüberzustellen, deren natürliches Empfinden noch nicht von der Gier nach Besitz verschüttet ist. Puccini hatte hier ein Sujet ganz nach seinem Herzen gefunden, den heiß ersehnten Stoff für eine komische Oper, den er sich so lange gewünscht hatte.

In der Musik des *Gianni Schicchi* zeigt sich der Maestro von einer ganz neuen Seite. Es ist erstaunlich, wie sicher und souverän er den Ton der Komödie trifft, mit welcher Über-

„Gianni Schicchi" an der Komischen Oper Berlin (1950)

legenheit er sich einer musikalischen Sprache bedient, zu der
es in seinem bisherigen Werk weder ein Gegenstück noch auch
nur Ansätze gab, die er sich also für diese Oper völlig neu
schaffen mußte, indem er traditionelle Stilelemente der italienischen komischen Oper mit Elementen seines persönlichen
Stils verschmolz. Die Partitur sprüht vor Lebendigkeit, sie
funkelt vor Witz; in vielfacher ironischer Brechung werden die
Gestalten mit prallem musikalischem Leben erfüllt. Großartig, wie zum Beispiel gleich zu Beginn die geheuchelte Trauer
der Verwandten um den toten Buoso in einem „Klagethema"
ironisiert wird, das die gesamte erste Szene ostinatoartig mit
penetranter Eintönigkeit beherrscht und auch später noch
mehrmals wieder auftaucht:

Als Beispiele ähnlich knapper und sinnfälliger Charakterisierung seien die beiden Motive des Gianni Schicchi — das erste
derb bäurisch, das zweite, aus dem Sprachtonfall des Namens
gewonnene, keck und listig — herausgegriffen

und die Musik, die das Auftreten des Notars und das Diktat
des Testaments durch merkwürdig trockene Kontrapunktik
untermalt.

Über weite Strecken hin erhält die Musik ihr Gepräge von jenem raschen Parlando, das schon immer ein wichtiges Stilmittel der italienischen Opera buffa war und das Puccini seinem eigenen Stil bruchlos einzuschmelzen verstand. Was er schuf, ist so Bekenntnis zur nationalen Tradition und sublime Umbildung der traditionellen Stilelemente in einem. Das Parlando ermöglicht eine Sprachbehandlung, die sich dem Rhythmus und der Melodik der Worte eng anschmiegt. So wird oft die musikalische Substanz allein im Orchester entwickelt, während darüber die Singstimmen, oft mehrere gleichzeitig, leicht und rasch parlieren.

Aber es fehlt in *Gianni Schicchi* auch nicht an zart auf-
blühender Lyrik, wie sie Puccini liebt. Sie ist dem Paar
Lauretta und Rinuccio vorbehalten. Laurettas flehender Bitt-
gesang an den Vater, der einzige emotionale Ruhepunkt und
die einzige geschlossene „Nummer" der Oper, ist in seiner
schlichten Naivität einer der rührendsten, unmittelbar er-
greifenden Schöpfungen des späten Puccini und mit Recht
berühmt geworden.

Überhaupt ist die enge Durchdringung von Lyrik und Buffo-
nerie vielleicht das hervorstechendste Kennzeichen dieser
einzigen komischen Oper Puccinis.

Nach Beendigung der Arbeit am *Triptychon* blieb der Maestro
wieder geraume Zeit untätig. Eine *Hymne auf Rom,* die er 1919
auf einen Text von Fausto Salvatori als eine Art römische
Nationalhymne komponierte und die im faschistischen Italien
zu einer der offiziellen Hymnen des Regimes wurde, blieb für
mehrere Jahre das einzige Produkt seiner Feder. Es war diesmal nicht nur die bei Puccini nach Abschluß eines großes
Werkes übliche und gewohnte Ratlosigkeit, die der Suche nach
einem neuen Sujet nebenherging, sondern auch das Gefühl der
Bedrückung durch die Wirren der Zeit, das den Komponisten
quälte.

Die Jahre unmittelbar nach dem ersten Weltkrieg brachten,
ähnlich wie für Deutschland, auch für Italien Unruhe und
Unsicherheit. Die Wirtschaft des Landes war durch den Krieg

Mit dem Sohn Tonio in der Entstehungszeit der „Turandot"

zerrüttet, die Inflation griff um sich, zahlreiche Streiks in den Industriestädten des Nordens signalisierten die wachsende Unzufriedenheit der Arbeiterschaft. Und ebenso wie etwas später in Deutschland führte die immer sichtbarer werdende allgemeine Krise des Kapitalismus zur Herausbildung des Faschismus, der bald nach dem Kriege um sich griff und dessen Führer Unzufriedene und Enttäuschte aus allen Klassen an sich banden, indem sie ihnen eine neue Größe Italiens versprachen.

Puccini fühlte sich in diesem von Gegensätzen zerrissenen Lande nicht mehr wohl. Allen Ernstes trug er sich mit Plänen, auszuwandern oder wenigstens durch ausgedehnte Reisen in den Fernen Osten oder nach Brasilien der bedrückenden Atmosphäre in seiner Heimat zu entfliehen. Solche Reisen waren in der Nachkriegszeit aber nicht zu realisieren; lediglich nach London fuhr er im Juni 1919 für einige Wochen gemeinsam mit Elvira.

Dem aufkommenden Faschismus stand Puccini zunächst abwartend gegenüber. Dann, als Mussolini im Oktober 1922 mit seinen Anhängern den Marsch auf Rom unternahm und damit seine Bewegung weithin sichtbar in das Licht der Öffentlichkeit stellte, gehörte auch er zu den vielen, die sich von der Machtübernahme der Faschisten Konsolidierung der

Verhältnisse, Wiederherstellung von Ruhe und Ordnung, erhofften.[65] Er durchschaute nicht, daß diese Ordnung mit brutalem Terror erkauft werden würde, wie er überhaupt das infame Wesen der faschistischen Ideologie nicht erfaßte. Dennoch ist er der faschistischen Partei nicht beigetreten, wohl aber wurde er zu ihrem Ehrenmitglied ernannt. Mussolini verschaffte ihm außerdem vom italienischen König den Ehrentitel eines „Senatore del Regno", den Puccini scherzhaft in „Sonatore del Regno" abwandelte.

Einschneidende Veränderungen brachten diese Jahre nach dem ersten Weltkrieg auch für das häusliche Leben Puccinis. Da sich in und um Torre del Lago Industrie ansiedelte, die mit ihrem Rauch und Lärm dem sensiblen Komponisten arg zusetzte, war ihm der Ort verleidet. Schweren Herzens, denn er hatte viele produktive Jahre in Torre verbracht, sah er sich nach einem neuen Wohnort um und fand ihn schließlich in dem nicht weit entfernten Viareggio. Bestimmend für diese Wahl war die Nähe zu seinem geliebten See Massaciuccoli, den er nicht missen wollte und von Viareggio aus leicht erreichen konnte. Er kaufte ein Grundstück in der Via Buonarotti und ließ sich von dem Architekten Pilotti eine prächtige Villa bauen, in deren vornehm-kühler Atmosphäre er die letzten Jahre seines Lebens verbrachte.

Turandot

Im Sommer 1919 hielt sich Puccini einige Wochen zur Kur in Bagni di Lucca auf. Dort wurde er mit Renato Simoni bekannt, einem Manne, der neben Giuseppe Adami zum wichtigsten und anregendsten Mitarbeiter seiner letzten Schaffensjahre werden sollte. Als Journalist, Theaterkritiker des „Corriere della Sera" und Herausgeber der Zeitung „La Lettura" hatte er sich ebenso einen Namen gemacht wie als Autor einer Reihe von Komödien im venezianischen Dialekt und dem Libretto zu einer Oper von Alberto Franchetti. Der Umgang mit Simoni überzeugte Puccini sehr bald, daß er in ihm eine Persönlichkeit von starker Begabung kennengelernt hatte, und er war erfreut, als sich Simoni bereitfand, gemeinsam mit Adami das Textbuch seiner nächsten Oper zu schreiben. Offenbar schien es dem Komponisten günstig, wenn zwei Dichter gegensätzlichen Temperaments an einem Projekt für ihn arbeiteten, sofern sich die Unterschiedlichkeit ihres Wesens produktiv überwinden ließ. Dann konnte durch eine solche Gemeinschaftsarbeit das Textbuch vielschichtiger und reicher werden, als wenn nur ein Autor daran gearbeitet hätte. Die Erinnerung an das einstige fruchtbare Zusammenwirken mit Luigi Illica und Giuseppe Giacosa scheint diesen Entschluß Puccinis mit bestimmt zu haben.

Simoni, Puccini und Adami

Autograph der „Turandot"

Der Maestro drängte nun auf den Beginn der gemeinsamen
Arbeit und schlug als literarische Vorlage „Oliver Twist" von
Charles Dickens vor, von dem er eine Dramatisierung durch
Herbert Beerbohm-Tree im Frühjahr 1919 in Londen gesehen
hatte. Die beiden Dichter gingen sofort an die Arbeit; als sie
ihm aber im Frühjahr 1920 den vollständigen ersten Akt und
ein Szenarium der gesamten Oper vorlegten, sagte ihm dies so
wenig zu, daß er den Plan ohne jede weitere Diskussion auf-
gab. Seine Abneigung gegenüber den herkömmlichen, bis zum
Überdruß bearbeiteten Sujets war inzwischen so unüberwind-
lich geworden und die Sehnsucht nach dem ganz anderen so
bestimmend, daß er ihr diesmal unbedingt nachgeben zu
müssen glaubte. Dies ganz andere aber — das wurde ihm jetzt

immer deutlicher bewußt — würde ihm am ehesten ein märchenhafter Stoff bieten können. Auf einen solchen richtete sich nun sein Blick; er suchte nach einem Märchen, das tief menschlich und unmittelbar bewegend sein sollte.

Es war Renato Simoni, der in dieser Situation Rat wußte. Sein Hinweis auf das Märchenspiel „Turandot" des Venezianers Carlo Gozzi fiel bei Puccini vor allem deshalb sofort auf fruchtbaren Boden, weil er sich erinnerte, vor einigen Jahren in Berlin eine Aufführung des Stückes in der Inszenierung von Max Reinhardt mit der Musik Ferruccio Busonis gesehen zu haben. Nachdem er das Schauspiel in der Bearbeitung Friedrich Schillers gelesen hatte, stand für ihn fest, daß er nun das Sujet seiner nächsten Oper gefunden hatte, sofern es den beiden Dichtern gelingen würde, die allzu grausamen Züge im Charakter der Turandot zu mildern oder zumindest deutlicher zu motivieren. Bezeichnend dafür ist seine ultimative Forderung an die Librettisten: *Wenn ihr mir auf diese Fabel eine andere Turandot, phantastisch, poetisch und voll Menschenliebe, machen wollt, komponiere ich sie.*[66]

Damit begann die Entstehungsgeschichte dieser letzten Puccini-Oper, die den Meister über vier Jahre hin bis in seine letzten Stunden beschäftigte. Wohl bei keinem anderen Werk war Puccini wie bei *Turandot* überzeugt, sein Bestes, Persönlichstes, Eigenstes zu geben, keine andere Oper ist aber auch unter so quälenden Zweifeln, lähmenden Depressionen zustande gebracht worden wie diese. Es ist erschütternd, in Puccinis Briefen aus diesen letzten Jahren das Schwanken zu beobachten zwischen der fast hektisch anmutenden Unrast und Betriebsamkeit, mit der er etwa seine Librettisten ständig zu größter Eile antrieb, und einer tiefen Niedergeschlagenheit, einer die Arbeit lähmenden Melancholie, die ihre dunklen Schleier immer mehr über sein Leben warf. Dieses Gefühl des Unglücklichseins, der Einsamkeit und der Vergeblichkeit seines Tuns, das ihn immer mehr beherrschte, hat er im März 1923 in einem Gedicht auszudrücken versucht, dessen künstlerischer Wert zwar gering ist, das aber trotzdem als aufschlußreiches Dokument für den seelischen Zustand des späten Puccini im italienischen Original und einer wörtlichen deutschen Übersetzung hier stehen möge:

Non ho un amico	*Ich habe keinen Freund*
mi sento solo,	*und fühle mich einsam,*
anche la musica	*auch die Musik*
triste mi fa.	*macht mich traurig.*
Quando la morte	*Wenn der Tod*
verrà a trovarmi	*kommt, mich zu rufen,*
saró felice di riposarmi.	*werde ich glücklich Ruhe*
	finden.
Oh com'è dura	*Oh, wie hart ist*
la vita mia!	*mein Leben!*
Eppur a molti	*Doch vielen*
sembro felice.	*erscheine ich glücklich.*
Ma i miei successi?	*Aber meine Erfolge?*
Passano ... e resta	*Sie sind vergangen ...*
ben poca cosa.	*und wenig blieb.*
Son cose effimere:	*Sie sind vergänglich:*
la vita corre	*das Leben geht weiter*
va verso il baratro.	*zum Abgrund.*
Chi vive giovane	*Wer jung ist,*
so gode il mondo,	*freut sich der Welt,*
ma chi s'accorge	*aber wer bemerkt*
die tutto questo?	*dies alles?*
Passa veloce	*Schnell vergeht*
la giovinezza	*die Jugend,*
e l'occhio scruta	*und das Auge ergründet*
l'eternità.	*die Ewigkeit.*

Das sind erschütternde Worte im Munde eines Künstlers, dessen Schaffen wie das kaum eines anderen Zeitgenossen von Erfolg begünstigt war und der in seinem Leben, von wenigen Jugendjahren abgesehen, niemals Not und Entbehrung kennenlernte. Aber sie entsprangen keinesfalls einer momentanen pessimistischen Stimmung, denn ähnliche Äußerungen Puccinis sind in großer Zahl vorhanden, und sie finden sich in allen Perioden seines Lebens, wenn auch am häufigsten in den letzten Jahren. Der äußere Glanz seines Daseins und die diesseitsfrohen Züge seines Wesens wurden zeitlebens kontrapunktiert von dieser weltschmerzlichen Resignation, einem Leiden ohne ersichtlichen äußeren Grund, in dem man vielleicht das Symptom einer gewissen Dekadenz, einer Müdigkeit

In der Ent-
stehungszeit der
„Turandot"

sehen darf, die aus dem wahrscheinlich unbewußten Gefühl
erwächst, einer zu Ende gehenden Welt anzugehören. Puccini
selbst war dieser Zug seines Wesens deutlich bewußt. Zu
Beginn der Arbeit an *Turandot,* am 10. November 1920,
schrieb er an Giuseppe Adami die aufschlußreichen Sätze:
*Ich habe stets einen großen Sack Melancholie mit mir herumgetragen.
Ich habe keinen Grund ,dafür, aber so bin ich nun einmal und so
sind alle Menschen, die Herz haben und denen auch die geringste
Dosis Leichtlebigkeit abgeht.*[67]
Während der Arbeit an *Turandot* trat zu dieser allgemeinen
Schwermut häufig eine dunkle Ahnung des nahen Todes und
die Angst, dieses Werk nicht mehr vollenden zu können, an
dem er mit ganzer Seele hing. Diese Angst ist wahrscheinlich
die Ursache für die nervöse Ungeduld, mit der er seine Mitarbeiter immer wieder zu höchster Eile antrieb.
Während Adami und Simoni an die Ausarbeitung des Textbuches gingen, suchte sich Puccini in die Welt des alten China,
des Schauplatzes der *Turandot,* einzuleben. Er studierte Bücher

über alte chinesische Musik und notierte sich daraus Originalmelodien. Als er im Herbst 1920 noch einmal in Bagni di Lucca war, traf er einen alten Bekannten, den Baron Fassini, der einige Zeit italienischer Konsul in China gewesen war und eine erlesene Sammlung chinesischer Kunstgegenstände besaß. Besonderes Gefallen fand Puccini an einer Spieldose, die eine alte chinesische Kaiserhymne spielte — diese ist dann in die Partitur der *Turandot* eingegangen.

Wie immer nahm Puccini jedoch auch an der Formung des Textbuches von Anfang an lebhaft Anteil. Ein wichtiger Gegenstand der Erörterung zwischen ihm und den Librettisten war neben der schon erwähnten Änderung des Charakters der Titelheldin zunächst vor allem die Frage, ob die von Gozzi in sein Märchenspiel hineingenommenen Figuren der venezianischen Stegreifkomödie, der Commedia dell'arte, beizubehalten seien oder nicht. Nachdem Puccini zuerst dafür plädiert hatte, sie höchstens eine ganz geringe Rolle spielen zu lassen, versuchte er etwas später in einem undatierten Brief an Adami ihrer Einbeziehung neue und interessante Seiten abzugewinnen:

Möglich wäre aber auch, daß wir, wenn wir die „Masken" mit Vorsicht beibehalten, ein italienisches Element haben würden, das in all diesem chinesischen Manierismus (denn darum handelt es

Bühnenbild zur Uraufführung der „Turandot" (Mailänder Scala, 1926)

sich) einen Hauch unseres Lebens und, vor allem, von Aufrichtig-
keit bringen würde. Die spitzen Bemerkungen von Pantaleone
und Co. würden uns zur Realität unseres Lebens zurückbringen.
Kurz, mach es so, wie es Shakespeare oft macht, wenn er drei oder
vier Nebenfiguren einführt, die trinken, eine lästerliche Sprache
führen und schlecht vom König reden. Ich habe das im „Sturm"
gesehen, inmitten der Elfen, Ariel und Caliban.[68]

Interessant ist der Hinweis auf Shakespeare, der cha-
rakteristischerweise für Puccini sonst längst nicht solch vor-
bildhafte Bedeutung hatte wie für Verdi, den er aber hier
heranzieht, um jene dramaturgische Technik zu rechtfertigen,
die aus der Einbeziehung komischer Figuren in einen tragischen Stoff stärkste Wirkungen schafft. Die venezianischen
„Masken" wurden dann auch, ganz im Sinne dieses Briefes,
zu einem wichtigen Element der *Turandot*, freilich dem chinesischen Milieu äußerlich stärker angeglichen als bei Gozzi
und Schiller.

Im September notierte sich Puccini erste musikalische Gedanken zu der neuen Oper, doch wurde die kompositorische
Arbeit, kaum daß sie begonnen hatte, schon im Oktober
wieder unterbrochen wegen einer Reise nach Wien, wo *La
Rondine* und *Il Trittico* herauskamen. Zurückgekehrt, erlebte
der Maestro eine Zeit besonders starker Depressionen. Er war
enttäuscht über die langsame Arbeit der Librettisten, es quälte
ihn, daß der ursprüngliche Schaffensimpuls zu versanden
drohte. Außerordentlich aufschlußreich dafür, daß Puccini,
um wirklich schaffen zu können, bis in die Tiefen seines
Menschseins hinein von einem Thema ergriffen sein mußte, ist
jener schon zitierte Brief an Adami vom 10. November 1920,
in dem es heißt:

*Ich glaube, „Turandot" wird niemals fertig. So kann man nicht
arbeiten. Wenn das Fieber der Begeisterung nachläßt, erlischt es
schließlich ganz, und ohne Fieber kann man nicht schaffen, denn
eine erfüllte Kunst ist eine Art Krankheit, ein außergewöhnlicher
Seelenzustand, eine Überreizung jeder Fiber, jedes Atoms — und
so weiter ad aeternum ... Ein Textbuch ist für mich kein Scherz.
Es handelt sich nicht darum, es nur rasch fertig zu machen. Es
handelt sich vielmehr darum, einer Sache dauerndes Leben zu
geben, die schon vor ihrer Geburt lebendig sein muß und die sich
mit der Zeit zum Meisterwerk entwickeln soll. Werde ich die Kraft
haben, Sie zu unterstützen? Wer weiß das? Werde ich müde sein,*

entmutigt, beladen mit der Last der Jahre, mit Herzensnot und
ewiger Unzufriedenheit? Wer weiß? Arbeiten Sie, als ob Sie für
einen Jüngling von 30 Jahren schafften, und ich werde mein Bestes
tun — und wenn es mißlingt, so wird es meine Schuld sein.[69]

Als die Dichter um Weihnachten 1920 endlich den in Versen
ausgearbeiteten ersten Akt vorlegten, befriedigte dieser
Puccini nur wenig; er war zu breit geraten und enthielt viele
entbehrliche ethnographische Details, so daß eine Kürzung und
Überarbeitung nötig war. Immerhin konnte er Mitte Juni 1921
mit der Vertonung beginnen.

Die Vollendung des restlichen Librettos schritt indessen keineswegs rasch voran, sondern geriet mehr als einmal ins
Stocken. Schuld daran war gewiß zu einem großen Teil Puccini
selbst, der äußerst schwer zufriedenzustellen war und immer
wieder Änderung einzelner Stellen und Neukonzipierung
ganzer Szenen verlangte. Andererseits ging den Librettisten
die Arbeit durchaus nicht so leicht von der Hand, wie es
wünschenswert gewesen wäre, und Puccini ließ es nicht an
harten und sicher nicht immer gerechten Vorwürfen fehlen.
Ein besonders aufschlußreicher dieser drängenden, fast be-

„Turandot" in der Dresdener Staatsoper (mit Richard Tauber)

Kalaf

schwörenden Briefe an Adami — er ist undatiert — möge hier
stehen, weil er einmal ein Bekenntnis des Komponisten Puccini
zur Gattung Oper enthält, wie er es so deutlich sonst niemals
gegeben hat, und weil zum anderen aus Puccinis Worten
überaus beeindruckend jene nervöse, hochgepeitschte Unrast
spricht, hinter der die Angst steht, dieses Werk nicht mehr
vollenden zu können:

Lieber Adamino,

*ich lege die Hände aufs Klavier und sie werden schmutzig von
Staub! Auf meinem Schreibtisch türmt sich eine Flut von Briefen
— keine Spur von Musik. Die Musik? Was für eine nutzlose Sache!
Da ich kein Libretto habe, wie sollte ich Musik machen? Ich habe
den großen Fehler, nur dann komponieren zu können, wenn sich
meine lebendigen Marionetten auf der Bühne bewegen. Hätte ich
doch ein reiner Sinfoniker werden können! Ich würde meine Zeit
und mein Publikum betören. Aber ich? Ich kam vor langer Zeit*

zur Welt, vor gar zu langer Zeit, es mag ein Jahrhundert her sein ... und Gott berührte mich mit dem kleinen Finger und sprach: ‚Schreibe fürs Theater, hüte dich, nur fürs Theater' — und ich habe den höchsten Rat befolgt. Hätte er mich für irgendein anderes Handwerk bestimmt, vielleicht säße ich dann jetzt nicht ohne das wichtigste Material da. Ach Ihr, die Ihr zu arbeiten behauptet und statt dessen alles andere macht, der eine Filme, der andere Komödien, der nächste Gedichte und wieder ein anderer Artikel — Ihr denkt nicht daran, wie Ihr solltet, daß hier ein Mann sitzt, dem die Erde unter den Füßen brennt, dem jede Stunde die Erde unter den Füßen zu wanken droht wie bei einem Erdsturz, der ihn fortreißt. Ich bekomme so freundliche und ermutigende Briefe. Aber wenn statt dessen ein Akt von dieser funkelnden Prinzessin ankäme, wäre das nicht besser? Ihr würdet mir meine Ruhe und Zufriedenheit wiedergeben und der Staub würde sich nicht mehr auf mein Klavier legen, so sehr würde ich darauf herumhämmern, und auf meinem Schreibtisch läge Notenpapier mit tausend Linien.[70]

Der Fortschritt der Arbeit wurde auch dadurch aufgehalten, daß anfangs anscheinend noch keine genaue Vorstellung vom Grundriß des gesamten Werkes bestanden hatte oder daß zumindest die Vorstellungen der drei Autoren nicht völlig übereinstimmten. So hatte Puccini ursprünglich beabsichtigt, auf den ersten nur noch einen abschließenden Akt folgen zu lassen; er hatte dann aber dem Drängen der Dichter nach einer dreiaktigen Fassung widerwillig nachgegeben, mehr überredet als überzeugt. Während der endlosen Diskussionen um die endgültige Gestalt der beiden fehlenden Akte kam er jedoch merkwürdigerweise noch mehrmals auf seinen ursprünglichen Vorschlag zurück und suchte seine Mitarbeiter doch noch dafür zu gewinnen — Beweis, wie sehr sich diese Idee in ihm festgesetzt hatte. Im März 1923 ist im Briefwechsel zum letzten Male von einer zweiaktigen Fassung die Rede; danach scheint sich Puccini endgültig mit dem dreiaktigen Libretto abgefunden zu haben, das von nun an endlich einigermaßen zügig seiner Vollendung entgegenging. Besonders legte der Komponist den Dichtern das Schlußduett ans Herz, das nicht nur Höhepunkt dieser Oper werden sollte, sondern dessen Grundgedanke — der Triumph der Liebe über harte Unmenschlichkeit — er als seine Botschaft an die Welt verstand.

Während der so mühsam voranschreitenden Arbeit an *Turan-*

dot fehlte es freilich auch nicht an mannigfachen Ablenkungen äußerer Art. Im Sommer 1922 hatte Puccini seine neue, verschwenderisch ausgestattete Villa in Viareggio bezogen, er hatte sich ein modernes Auto — eine Achtzylinder-Limousine — und ein neues Motorboot gekauft. Mit einigen Freunden unternahm er im August eine Autoreise durch die Schweiz, Deutschland und Holland. Anfang 1923 wurde an der Mailänder Scala der 30. Jahrestag der Uraufführung von *Manon Lescaut* mit einer Galaaufführung unter Toscanini festlich begangen. An dem anschließenden Diner zu Puccinis Ehren nahmen fast fünfhundert Gäste teil. Wenige Tage später fuhr er im Auto mit Tonio nach Wien zu einer Festaufführung der *Manon*, die mit der hervorragenden Maria Jeritza in der Titelpartie großen Eindruck auf ihn machte.

Auch am Schaffen anderer zeitgenössischer Komponisten blieb Puccini bis zuletzt rege interessiert. So reiste er im Mai 1923 eigens nach Florenz, um eine Aufführung von Arnold Schönbergs „Pierrot lunaire" zu hören. Obwohl diese Musik ihrer gesamten geistigen Konzeption nach Puccinis musikalischem Empfinden äußerst fremd war und er zu der seelischen Verfassung, die sich in ihr aussprach, keinen Zugang finden konnte, hat er doch die starke künstlerische Potenz Schönbergs gespürt, und aufschlußreich ist das Urteil, das er nach der Rückkehr gegenüber Freunden abgab: *Wer kann sagen, daß Schönberg nicht der Anfang eines Weges ist, der in einer fernen Zukunft zum Ziele führt? Aber gegenwärtig — sofern ich etwas verstand — sind wir von einer wirklichen künstlerischen Realisation seiner Musik so weit entfernt wie der Mars von der Erde.*[71]

Dennoch ist die Begegnung mit der Musik Schönbergs und anderer zeitgenössischer Komponisten auf Puccinis spätes Schaffen nicht ohne Einfluß geblieben. Führt sie auch niemals zu radikaler Änderung seiner Tonsprache, so doch zu einer Bereicherung seiner Ausdrucksmittel, zu kühneren, ungewöhnlicheren Klängen, zu subtilerer, reicherer Klanglichkeit und zu härteren dramatischen Akzenten.

Im November 1923 war die Komposition der *Turandot* bis zur Todesszene der Liù gediehen; es fehlte nur noch das große Schlußduett, dessen Text Puccini immer noch nicht befriedigte. Er unterbrach deshalb die Arbeit zunächst an dieser Stelle und wandte sich der Instrumentation zu, während die Librettisten ihm ständig neue Versionen des Duettes vorlegten. Um die Mitte des Jahres 1924 war die Oper, von der Schlußszene abgesehen, so gut wie vollendet — da brach die tödliche Krankheit aus, deren Keime Puccini wohl schon lange in sich spürte.

Im Februar 1924 überfielen ihn ziemlich überraschend starker Hustenreiz und Atembeschwerden, die er indessen, vertieft in die Arbeit, zunächst kaum beachtete. Im März wandte er sich an seinen Arzt und einen Halsspezialisten in Mailand, die beide das Leiden als rheumatisch diagnostizierten, es für ungefährlich erklärten und zu einer kurzen Kur und Luftveränderung rieten. Die Kur hat Puccini tatsächlich einige Wochen in Salso maggiore bei Parma genommen, zu einer längeren Reise konnte er sich mit Rücksicht auf *Turandot* nicht entschließen. Man gewinnt deutlich den Eindruck, daß Puccini die aufkeimende Angst vor den erschreckenden Symptomen der Krankheit, an deren Harmlosigkeit er wohl selbst nicht recht glauben konnte, durch eine ganz rigorose Konzentration auf sein Werk zu bannen suchte, daß er sich in die Arbeit förmlich vergrub, um die schreckliche Wahrheit nicht an sich heranzulassen. *Ich denke Stunde für Stunde* — schrieb er im Mai an Adami —, *Minute für Minute an ,,Turandot'', und alles, was ich bisher schrieb, meine ganze Musik scheint mir nur ein Scherz zu sein und gefällt mir nicht mehr.*[72] Puccini dachte auch bereits an die Uraufführung. Am 7. September empfing er Arturo Toscanini, der seit 1921 künstlerischer Direktor der Scala war, und besprach mit ihm alle Einzelheiten der Premiere, die im Frühjahr des folgenden Jahres stattfinden sollte. Anfang Oktober machte Puccini einen Gegenbesuch bei Toscanini in Mailand und spielte ihm Teile der Oper vor. Das Einvernehmen zwischen Komponisten und Dirigenten war, ungeachtet gelegentlicher Trübungen in der Vergangenheit, ungewöhnlich herzlich.

Indessen schritt die Krankheit unaufhaltsam fort. Ende August kam Sybil Seligman zu Besuch: Sie fand Puccinis Zustand so besorgniserregend, daß sie dringend riet, endlich einen wirklich erfahrenen Arzt zu Rate zu ziehen. Aber erst Mitte Oktober, als sich schon quälende Schmerzen eingestellt hatten, war Puccini zu energischen Schritten zu bewegen. Da der Arzt in Viareggio außer einer harmlosen Entzündung wieder nichts finden konnte und nur Ruhe und Verzicht aufs Rauchen empfahl, vertraute sich Puccini einem Spezialisten in Florenz an, der nach eingehender Untersuchung das Leiden als

Der letzte Brief Puccinis (an Adami)

Kehlkopfkrebs im fortgeschrittenen Stadium diagnostizierte. Allerdings erfuhr der Maestro die furchtbare Wahrheit zunächst nicht: Der Arzt wandte sich an Tonio, der seinerseits, um volle Gewißheit zu haben, zwei weitere bekannte italienische Fachärzte zusammen mit dem Florentiner Arzt nach Viareggio kommen ließ. Ihre Untersuchung bestätigte den Befund. Sie rieten zu der damals noch in den Anfängen stekkenden Behandlung mit Radium, die in Europa nur in zwei Kliniken — in Berlin und Brüssel — praktiziert wurde und die einzige Chance einer Heilung bot. Puccini, der noch immer nicht die volle Wahrheit kannte, sich aber sehr krank fühlte, entschied sich für das Institut de la Couronne des Dr. Ledoux in Brüssel. Bevor er die Reise antrat, besuchte er noch einmal Toscanini in Mailand, den Tonio über den Ernst der Situation verständigt hatte. Wieder erörterte er mit dem großen Dirigenten Einzelheiten der *Turandot*-Partitur, dann aber soll er gesagt haben: *Meine Oper wird unvollendet gegeben werden, und dann wird jemand auf die Bühne kommen und dem Publikum sagen: an dieser Stelle starb der Komponist.*

Tatsächlich war „*Turandot*" zu diesem Zeitpunkt vollendet bis auf das Schlußduett, dessen endgültigen Text Puccini Anfang Oktober erhalten hatte und von dem er sogleich wesentliche Teile skizzierte. Die Skizzenblätter nahm er mit, als er am 4. November zusammen mit Tonio und der Stieftochter nach Brüssel reiste. Die Behandlung, die etwa sechs Wochen dauern sollte, begann sofort, und sie war in ihrer ersten, vorbereitenden Phase verhältnismäßig erträglich für den Patienten: Sein Allgemeinbefinden besserte sich merklich, er konnte ausgehen und sich sogar eine Vorstellung der *Madame Butterfly* ansehen. In einem Brief an einen Bekannten in Viareggio schilderte er die Einzelheiten der Behandlung:

Lieber Angiolini,

vielen Dank für Ihren freundlichen und gütigen Brief. Ich werde gekreuzigt wie Christus! Ich habe einen Kragen um den Hals, der eine wahre Qual ist. Äußerliche Radiumbehandlung zunächst — dann Kristallnadeln in den Hals und eine Öffnung, um zu atmen, auch in den Hals. Aber sagen Sie nichts zu Elvira oder zu jemand anderen. Der Gedanke an diese Öffnung, mit einem Röhrchen aus Gummi oder Silber darin — ich weiß noch nichts Genaues — erschreckt mich. Man sagt, ich müsse es ertragen und mich für acht Tage damit behelfen, um den Teil des Halses, der behandelt wird, ungestört zu lassen. Denn das Atmen auf normale Art würde die Behandlung beeinflussen. Und deshalb soll ich durch ein Röhrchen atmen! Mein Gott, wie schrecklich...!

Welches Elend! Gott helfe mir. Es wird eine lange — sechs Wochen

— und schreckliche Behandlung nötig sein. Aber man versichert mir, daß ich geheilt werde. Ich bin deswegen ein wenig skeptisch und auf alles vorbereitet. Ich denke an meine Familie, an die arme Elvira. Seit dem Tage meiner Abreise ist meine Krankheit schlimmer geworden. Morgens speie ich dunkles Blut. Aber der Doktor sagt, daß dies nichts Ernstes sei und daß ich mich darüber beruhigen solle, daß nun die Behandlung begonnen hat. Wir werden sehen.[73]

Am 24. November begann dann der zweite, schwierigere und gefährlichere Abschnitt der Behandlung: sieben Radiumnadeln wurden in den Tumor eingeführt. Die Operation dauerte beinahe vier Stunden, und sie konnte wegen der Herzschwäche des Patienten nur unter örtlicher Betäubung durchgeführt werden. Zunächst schien der Eingriff erfolgreich; die ersten drei Tage danach war Dr. Ledoux mit dem Zustand seines Patienten durchaus zufrieden. Da erlitt Puccini plötzlich am Abend des 28. November einen Herzkollaps, der den Arzt nötigte, die Nadeln sofort zu entfernen. Trotzdem erholte sich der Kranke nicht wieder. Zehn Stunden dauerte der Todeskampf; am 29. November 1924, morgens gegen vier Uhr, ist Giacomo Puccini gestorben.

In der Kirche Sainte-Marie, gelegen in einem Bezirk Brüssels mit vielen italienischen Bewohnern, zelebrierte der päpstliche Nuntius am 1. Dezember eine Totenmesse; dann wurde der Sarg im Sonderzug nach Mailand gebracht, wo am 3. Dezember die eigentliche Begräbniszeremonie im Dom stattfand. Eine unübersehbare Menschenmenge nahm an ihr teil. Das Orchester der Scala, die an diesem Tage geschlossen war, spielte unter Toscaninis Leitung die Trauermusik aus Puccinis Oper *Edgar.* Zwei Jahre später wurde der Sarg nach Torre del Lago gebracht, wo Tonio ein Mausoleum hatte bauen lassen.

Das musikalische Vermächtnis des toten Freundes aber erfüllte Arturo Toscanini am 25. April 1925 in der Scala mit der Uraufführung der *Turandot,* deren Partitur der mit Puccinis Stil innig vertraute Franco Alfano vollendet hatte. Es geschah genau so, wie es Puccini bei seinem letzten Besuch vorausgesagt hatte: In der ersten Vorstellung brach Toscanini nach der Todesszene der Liù ab und wandte sich zum Publikum mit den Worten: „Hier endet das Werk des Meisters." Erst in der zweiten Aufführung wurde die Oper vollständig gegeben.

Turandot ist die einzige Oper Puccinis, der ein Märchenstoff

Die letzte Aufnahme

zugrunde liegt. Dennoch klafft zwischen ihr und seinem übrigen, vorhergehenden Schaffen kein Riß, sondern sie setzt all
jene Tendenzen fort und krönt sie zugleich, die Puccinis Kunst
von jeher bestimmten. Die Prinzessin Turandot sucht sich ihre
Menschenwürde und Freiheit dadurch zu bewahren, daß sie
sich nicht willenlos oder aus Staatsräson dem ersten, der um
sie wirbt, hingeben, sondern nur dem Manne angehören will,
den sie liebt und der ihr geistig überlegen ist. Aber dieser Wille
zur Selbstbehauptung schlägt in ihr um in die unnatürliche und

Pang

ihrem ursprünglichen Wesen fremde, weil unmenschliche Grausamkeit, mit der sie jeden Bewerber dem Henker überliefert, der die drei Rätsel nicht zu lösen vermag, die sie ihm aufgibt. Erst dem Prinzen Kalaf gelingt es, die Versteinerung ihres „von Eis umgürteten Herzens" aufzubrechen, weil er nicht nur auf die Rätsel eine Antwort weiß, sondern weil er sie bezwingt durch die Kraft seiner Liebe und Menschlichkeit.

So ist der Konflikt zwischen echter Liebe und grausamer, inhumaner Verhärtung, das mehr oder weniger abgewandelte Grundproblem fast aller Opern Puccinis, auch Thema der *Turandot*, aber sie stellt es nun ins Mythische überhöht dar, läßt es ins Allgemein-Menschliche, Gleichnishaft-Umfassende emporwachsen. Puccini wich in dieser Oper vor den Problemen und Konflikten, die stets im Zentrum seines Werkes standen, nicht aus in ein unverbindliches Nirgendwo des Märchens,

Ping

sondern er gewann im Gegenteil seiner Kunst eine höhere, weil allgemeinere Realität ab.

Zugleich ermöglichte der Märchenstoff eine Lösung der Konflikte, die innerhalb einer in realer Wirklichkeit spielenden Fabel zu versuchen Puccini sein künstlerischer Wahrheitssinn verbot, weil sie dort, angesichts der Welt, in der er lebte, tief fragwürdig gewesen wäre. Nur auf dem Boden des Märchens konnte die Verhärtung gelöst werden durch die Kraft siegreich-überwältigender Liebe, wodurch die Aussage des Werkes ins Utopische tendiert. Freilich — und das ist höchst bedeutsam — wird der Glanz des versöhnlichen Schlusses, der Jubel über die Vereinigung Turandots und Kalafs, getrübt, weil auf ihn der Schatten Liùs fällt, mit deren Tod das Glück der anderen teuer erkauft ist. So mündet das Werk nicht in ein banal-flaches Happy-End, sondern in eine Harmonie, in

Der Kaiser

die beunruhigend eine schmerzliche Dissonanz hineinklingt als Signum, daß die Versöhnung der Widersprüche selbst im Märchen nur um den Preis opferbereiter Selbsthingabe möglich ist.

Gozzis Tragikomödie bot Puccini für eine tief-menschliche Märchenoper, wie sie ihm vorschwebte, einen idealen Ausgangspunkt. Sie entstand zwischen 1761 und 1765 im Zusammenhang eines Streites zwischen Gozzi und Carlo Goldoni um die Lebensberechtigung der volkstümlichen italienischen Stegreifkomödie, der Commedia dell'arte, die Gozzi entgegen dem nach der Charakterkomödie strebenden Goldoni als Form sprühenden, lebendigen Theaters verteidigte und deren Elemente er der Literaturkomödie als belebenden Impuls einfügen wollte. Deshalb verschmolz er in der als Musterbeispiel konzipierten *Turandot* in sehr geistvoller Weise die alte, wahrscheinlich aus Persien stammende, aber auch im Märchengut

vieler anderer Völker in ähnlicher Form nachweisbare Mär-
chenfabel von den drei Rätseln, welche die Prinzessin dem-
jenigen stellt, der sich um ihre Hand bewirbt, mit Elementen
eben dieser Volkskomödie zu einem bunten, phantastischen
Märchenbild. Gerade die Buntheit und der Kontrastreichtum
fesselte Puccini an Gozzis Stück, weil es ihm die Möglichkeit
bot, jenes Nebeneinander von ernsten und komischen Szenen
in ein und demselben Werk zu verwirklichen, das ihm offenbar
schon lange Zeit als Ideal vorschwebte. Deshalb spielen auch
in der Oper die der Commedia dell'arte entlehnten Figuren
eine, gemessen am Gesamtumfang des Werkes, sehr große
Rolle. Allerdings wurden sie bei Puccini stärker dem chinesischen Milieu angepaßt als bei Gozzi: trugen sie in dessen
Schauspiel noch die traditionellen Namen der Commedia
dell'arte — Pantalone, Brighella, Truffaldino —, so wurde aus
ihnen im Libretto die drei Minister Ping, Pang und Pong,

189

Liù

ergebene Kreaturen der Turandot, die mit ihren zwischen Sadismus, trüber Melancholie und makabrem Humor vielfältig und eigenartig schillernden Reden das Geschehen kommentierend begleiten.

Verändert wurde im Libretto auch Gesamtcharakter und Atmosphäre der Vorlage. Bei Puccini ist sie dunkler und glühender zugleich, weit weniger naiv-märchenhaft, erfüllt von einer Leidenschaft, die oft das Barbarische streift. Besonders die beiden Hauptpersonen, Turandot und Kalaf, erscheinen in der Oper gegenüber Gozzis Stück gesteigert in ihrer Gestik und der Strahlkraft ihrer Persönlichkeit. Sicher hat dabei die Bearbeitung als Vorbild gedient, die Friedrich Schiller dem Stück 1804 für eine Aufführung in Weimar angedeihen ließ, denn auch in ihr wurden die Charaktere leicht nach der Seite des Heroischen hin verschoben.

Die für Puccini charakteristischste Änderung an der Vorlage jedoch war die Einführung der Sklavin Liù in die Handlung. Sie vor allem brachte jenes Element der Vermenschlichung in das Werk, auf das Puccini nicht verzichten konnte. Mit ihrer tiefen und reinen Liebe zu Kalaf, ihrem stumm-ergebenen Leiden ohne Aufbegehren, ist sie die letzte in der Reihe der für Puccini so ungemein charakteristischen Frauengestalten, die allesamt zerbrechen an der grausamen, ihr Fühlen mißachtenden Wirklichkeit: eine Schwester Manons, Mimis und Cho-Cho-Sans. Gewiß läßt sich bei einem genauen Vergleich des Librettos mit der Vorlage feststellen, daß manche Charakterzüge der Adelma wie auch der Zuleima aus Gozzis Stück in der Liù der Oper zusammengeflossen sind, aber das Eigentliche dieser rührenden und schlicht-ergreifenden Gestalt entspricht ganz Puccinis Intentionen. Nicht umsonst hat er sie den Textdichtern immer wieder besonders ans Herz gelegt. Als Kontrastfigur zur Turandot ist sie es, die alle mitfühlende Sympathie des Komponisten wie des Hörers auf sich zieht, und ihr Sterben hat Puccini zu der zweifellos ergreifendsten und eindringlichsten Todesszene seines gesamten Schaffens und einer der bedeutendsten Szenen der italienischen Oper überhaupt inspiriert. So erscheint es fast als ein Symbol, daß der Tod dem Maestro die Feder gerade nach Vollendung dieser Szene aus der Hand nahm, in der sich gleichsam die Grundtendenz seines künstlerischen Wollens zu höchster, sublimster Reife verdichtet.

Mit der Musik zu *Turandot* hat Puccini den Höhepunkt seiner künstlerischen Entwicklung erreicht. Was an ihr besonders auffällt, ist die Vielfalt der musikalischen Ausdrucksbereiche, die hier in die Einheit eines Werkes zusammengezwungen werden. Keine andere seiner Opern ist so reich an Gegensätzen und zugleich so aus einem Guß wie diese. Da ist zunächst die kalte, verhärtete, äußerlich prunkvolle Welt der Turandot, die sogleich zu Beginn in einem Klangsymbol von hieratischer Starre beschworen wird, dessen Verwandtschaft zum Scarpia-Thema der *Tosca* auffällt, das wie dieses auf der Ganztonskala beruht.[74]

In schroffstem Gegensatz dazu steht die Musik, die der emotionalen Sphäre der Liù zugehört. Hier finden sich jene zart-aufblühenden, flexiblen Kantilenen, jener beseelte Lyrismus, der als charakteristisches Idiom das gesamte Schaffen

Puccinis durchzieht, nun aber äußerst intensiviert und ver-
innerlicht erscheint.

Und abermals als Gegensatz steht diesen beiden Ausdrucks-
bereichen gegenüber die makabre, oft das Unheimliche
streifende Komik der Ministerszenen, für die Puccini eine
Musik fand, die in sich noch einmal eine Fülle von Kontrasten
umschließt und deren Spannweite vom chinesisch gefärbten
Buffoton

bis zu seltsam karikierender, merkwürdig blasser Lyrik
reicht.

Exotisches Kolorit erzielt Puccini in der *Turandot* mit grundsätzlich denselben Mitteln wie schon in *Madame Butterfly*:
durch Einbeziehung originaler chinesischer Melodien, darunter
der Kaiserhymne, durch pentatonische und, allerdings weit
seltener, auf der Ganztonleiter beruhende Melodiebildung,
durch fremdartig-primitiv anmutende Harmonik und raffinierte, vielfältiges Schlagwerk nutzende Instrumentation. Dennoch ist die Atmosphäre, die hier beschworen wird,
denkbar weit entfernt von der, die in *Madame Butterfly*
herrscht. Die chinesische Welt der *Turandot* hat nichts von
puppenhafter Kleinheit und Freundlichkeit, sondern sie ist
eine Welt von barbarisch-pomphafter und oft beklemmender
Größe, erfüllt von Grausamkeit und ritualhafter Starre, un-
faßbar und rätselhaft.

Erstaunlich ist der harmonische Reichtum der *Turandot*-
Musik. Keine andere Partitur reflektiert so deutlich wie diese,
seine letzte, Puccinis Kenntnis der verschiedenen Strömungen
der zeitgenössischen Musik. Überblickt man den Bogen, der

von seinen ersten bedeutenderen Opern zu dieser führt, so ist klar zu erkennen, daß Puccini zwar den Voraussetzungen, von denen er ausging und die ihm mit der italienischen Operntradition gegeben waren, stets grundsätzlich treu blieb, daß er aber in steter Auseinandersetzung mit vielem, was um ihn herum, besonders in Deutschland und Frankreich, an Musik entstand, seinem Stil neue Möglichkeiten amalgamierte und ihn allmählich so bereicherte und erweiterte, wie das ohne Bruch mit den Grundlagen der italienischen Operntradition nur irgend möglich war.

Turandot ist der Endpunkt dieser langen Entwicklung. Man wird die Eigenarten dieser kühnsten Partitur Puccinis nur dann richtig zu bewerten vermögen, wenn man sie nicht absolut am damals erreichten Stand der Entwicklung des musikalischen Materials mißt, sondern in Beziehung setzt zu dem, von welchem Puccinis Kunst ausging. Da es unmöglich wäre, die Klangtechnik der Oper in allen Einzelheiten zu erörtern, seien wenigstens zwei Beispiele herausgegriffen, die einen Eindruck davon geben können, mit welchen Mitteln Puccini in diesem Werk arbeitet. Gleich zu Beginn der Oper werden d-Moll- und Cis-Dur-Akkorde miteinander zu einem Klang von eigenartiger Trockenheit und Schärfe kombiniert:

Am Anfang des zweiten Aktes benutzte Puccini gleichzeitig Fragmente zweier verschiedener Ganztonleitern im Abstand einer kleinen Sekunde:

Allegro moderato

Ähnliche Stellen lassen sich in der Oper fast auf Schritt und Tritt finden.

Hingewiesen werden muß schließlich aber auch noch auf die Intensität des Stimmungshaften, die weiten Teilen der Partitur das Gepräge gibt. Hatten Anregungen des französischen Impressionismus im Schaffen Puccinis schon immer eine wichtige Rolle gespielt, so werden sie hier ungleich überlegener, sublimer und persönlicher als in früheren Werken zu Bildern von bestrickender Farbigkeit und Atmosphäre verdichtet. Die nachtdunkle Anfangsszene des dritten Aktes mit Kalafs Arie und der Mondchor des ersten Aktes sind Beispiele solch ungemein eindrucksvoller Stimmungsmalerei.

Das Märchen von der Prinzessin Turandot ist Puccinis Vermächtnis geworden. In ihm hat er sein Eigenstes und Reifstes gegeben und in imponierender Größe die Summe dessen gezogen, was Sinn und Inhalt seines gesamten Schaffens war.

„Turandot" an der Komischen Oper Berlin (1958)

Der Musiker der kleinen Dinge

Das Leben und die künstlerische Entwicklung Giacomo Puccinis fielen in eine Zeit, in der die Widersprüche und die Krisenhaftigkeit des sich zum Imperialismus hin entwickelnden Kapitalismus immer deutlicher sichtbar wurden. Sein Aufstieg zu nationalem und bald auch internationalem Ruhm hatte sich in einer Epoche vollzogen, die wenigstens für seine italienische Heimat nach der endlich erkämpften Einheit von einem gewissen Hochgefühl erfüllt war, das die immer weiter existierende und sich verschärfende soziale Problematik zunächst überdeckte. Doch signalisierten der erste Weltkrieg und die Jahre, die auf ihn folgten, unübersehbar das nahe Ende einer Gesellschaftsordnung, deren menschen- und kunstfeindlicher Charakter längst offenbar geworden war.

In dieser Welt voll schreiender Widersprüche und alarmierender Krisen hatte sich Giacomo Puccini als Künstler zu bewähren. Mit der ihm eigenen Sensibilität hat er zweifellos manche dieser Widersprüche gespürt, ohne daß sie in die Klarheit des Bewußtseins getreten wären oder daß er gar zu einer Ahnung vorgestoßen wäre, welches ihre Ursachen seien. Er fühlte sich als „unpolitischer Künstler", ohne zu begreifen, daß es für den Künstler noch niemals ein Ausweichen vor den Problemen seiner Gegenwart gab, sollte seine Kunst nicht ins unverbindlich Artistische oder Ästhetizistische abgleiten.

Dennoch hat Puccini Probleme und Widersprüche dieser seiner Zeit im Schaffen reflektiert. War ihm und allen spätbürgerlichen Künstlern die Einsicht in die entscheidenden gesellschaftlichen Zusammenhänge verwehrt, so besaß er um so mehr Spürsinn für die Bedrohung des Menschen, für die Gefährdung der menschlichen Beziehungen in einer Welt, die echtes menschliches Fühlen immer mehr verdrängte und versachlichte. Gegen diese Versachlichung aber wehrt sich der Künstler, dessen zentrales Thema der Zusammenstoß des einfach und rein Empfindenden mit einer brutalen, unbarmherzigen Wirklichkeit wurde, an der er zugrunde geht.

So erweist sich Puccinis Selbsteinschätzung als *Musiker der kleinen Dinge* tatsächlich als eine Formel, die Wesentliches über sein künstlerisches Wollen aussagt. Die Gestalten in Puccinis Opern sind keine „Helden", sondern schlichte Menschen, die aus „Hoffnung und Illusion" bestehen und sich mit keiner anderen Waffe als der Reinheit ihres Herzens vergeblich einer harten Welt zu erwehren suchen. Hier, auf dieser Ebene und nur auf ihr, fängt Puccinis Kunst einen Reflex der Widersprüche auf, die seine Zeit bestimmen. Aber es liegt auf der Hand, daß von dieser Ebene aus ein Vordringen zum Verständnis ihrer Ursachen nicht möglich ist. So bleiben die Einsichten begrenzt die in Puccinis Musik wie in aller bürgerlichen Kunst seiner Epoche gestaltet sind.

Andererseits aber verbürgt die intensive Hinwendung zur menschlichen Psyche den Realismus der Kunst Puccinis. Die sensible Gestaltung schlichter und im Grunde alltäglicher Charaktere, die Puccinis Stärke ist, ermöglicht es ihm, Gestalten von außerordentlich zwingender Wirklichkeitsnähe zu schaffen, und er zeigt sie meist in Situationen, die nicht zufällig, sondern in hohem Maße typisch sind. Gewiß hat sich Puccini nicht immer völlig dem Einfluß der besonders während seiner ersten Schaffensperiode in Italien weit verbreiteten veristischen Strömung entziehen können, zumal er als echter Theatermann große, theatergemäße Wirkungen niemals ver-

Grabkapelle im Hause in Torre del Lago

Puccini (1923)

schmähte. Doch werden sie bei ihm niemals zum Selbstzweck wie nur zu oft in Werken veristischer Richtung; stets bleibt Puccinis eigentliche künstlerische Absicht die Schilderung des „pochenden Menschenherzens". Das hebt ihn weit über den Verismo hinaus und sichert seiner Kunst fortdauernde Wirkung.

Ist somit die grundsätzlich realistische Position der Opern Puccinis zunächst von der stofflichen Seite her allgemein umrissen, so bleibt nun die Frage nach seinem Platz in der Geschichte der Musik. Geboren kurz nach der Mitte des 19. Jahrhunderts, in einer Zeit noch verhältnismäßig intakter und gefestigter musikalischer Traditionen zumindest in Italien, erlebte Puccini die allmähliche Auflösung dieser Traditionen und die stete Eroberung neuer musikalischer Mittel und Möglichkeiten. Bald sah er sich, vor allem wenn er seinen Blick auf die musikalischen Erscheinungen außerhalb Italiens richtete, einer verwirrenden Vielfalt unterschiedlicher musikali-

scher Strömungen gegenüber, in der sich zu orientieren schwer
war, die aber andererseits eine Fülle faszinierender Anregungen in sich barg. Puccini hat sich zeit seines Lebens ein überaus
reges Interesse bewahrt für alles, was auf künstlerischem
Gebiet um ihn herum vorging, und er verstand es auch, dieses
Interesse für sein eigenes Schaffen produktiv werden zu lassen.
Ständig hat er in seine Kunst Anregungen aufgenommen und
sie so immer wieder um neue Ausdrucksmöglichkeiten berei-
chert. Die ständige Assimilation verschiedenartigster Einflüsse
ist für Puccinis künstlerische Entwicklung in so hohem Maße
charakteristisch wie für kaum einen seiner Zeitgenossen.
Hatten für die Herausbildung der persönlichen Tonsprache des
jungen Puccini die Meister der französischen lyrischen Oper,
insbesondere Charles Gounod und Jules Massenet, große Bedeutung, so wurde später Claude Debussy zu einem wichtigen
Anreger vor allem auf harmonischem Gebiet. Aber auch die
Musikdramatik Richard Wagners, die im späten 19. Jahr-

Im Arbeits-
zimmer in
Viareggio

hundert viele junge italienische Musiker in ihren Bann schlug, hinterließ im Frühwerk Puccinis deutliche Spuren. Erwähnt man schließlich die Musik von Richard Strauss, des frühen Strawinsky und sogar Franz Lehárs und weist überdies auf die gelegentliche Einbeziehung von Elementen der fernöstlichen Musik hin, so sind zwar die wichtigsten Anregungsquellen genannt, doch ist damit der Kreis dessen, was Puccini in ständiger produktiver Auseinandersetzung seinem Werke amalgamierte, noch keineswegs vollständig umschrieben.

Daß Puccinis Musik bei all der Unbedenklichkeit, mit der er von überallher Anregungen aufgriff, dennoch niemals bloßem Eklektizismus verfällt, wird durch die sehr ausgeprägte und persönliche Grundhaltung seines Stils bewirkt. Es sind jener bezwingend lyrisch-weiche Ton und die ungemein flexible Melodik, die sich als personaltypische Konstanten seiner musikalischen Sprache so stark erweisen, daß sie die Einheit des Werkes auch dort gewährleisten, wo sie durch die Anlehnung an fremde Vorbilder gefährdet scheinen könnte. Puccini hat diesen für ihn so charakteristischen Lyrismus schon in seinen Frühwerken gefunden und ihn im Laufe seiner künstlerischen Entwicklung zwar vertieft und modifiziert, grundsätzlich aber immer an ihm festgehalten.

Puccini war Theatermusiker mit jeder Faser seines Wesens; als solcher vertraute er seinem dramatischen Instinkt, sah er — nicht anders als Giuseppe Verdi — in der Wirkung das eigentliche Kriterium für den Wert und die Berechtigung seiner Kunst. Kaum ein anderer Komponist seiner Zeit hat so wenig über Fragen des kompositorischen Handwerks reflektiert wie Puccini: Er handhabe es weitgehend naiv und ohne sich zum Bewußtsein zu bringen, daß Komponieren in jener Zeit des Verfalls der Traditionen zu einer äußerst problemreichen Sache geworden war. Dementsprechend bleibt auch die Faktur seiner Werke weit hinter dem zurück, was im späten 19. und beginnenden 20. Jahrhundert hinsichtlich struktureller Durcharbeitung üblich geworden war. Die einmal gefundene, sehr einfache Formtechnik — mosaikhafte Aneinanderreihung kleiner Teile, die durch leitmotivische Wiederkehr bestimmter Themen lose verklammert werden — hat Puccini bis zuletzt beibehalten.

Das Unreflektierte, Unproblematische an Puccinis Musikertum wirkt zweifellos oft als besonderer Reiz, und auf ihm gründet zu einem wesentlichen Teil sein großer, weltweiter Erfolg, doch birgt es andererseits die Gefahr des unkontrollierten Absinkens ins Rührselige und Abgegriffene. Nicht immer hat Puccini diese Gefahr völlig zu bannen vermocht, und es gibt in seinem Werk zweifellos gelegentlich Partien, die in bedenkliche Nähe zum Trivialen geraten. Freilich erklärt sich dies auch aus seinem Bemühen um Ausdruck des schlichten und natürlichen Empfindens der handelnden Menschen: Wo dieses in der Wirklichkeit selbst gefährdet ist, vermag es auch der Künstler nur zu beschwören unter ständiger Gefahr, in eine Sprache zu verfallen, die innerlich unwahr wird. So erweist sich Puccinis gelegentliches Absinken ins Flache letztlich als Preis, der für den Versuch entrichtet werden mußte, ein Humanes zu bewahren, das in der spätkapitalistischen Welt unaufhaltsamer Zerstörung entgegenging.

Überblickt man die Reihe der Opern Giacomo Puccinis vom anfängerhaften Frühwerk der *Vili* bis hin zur unvollendeten, reifen Schöpfung der *Turandot*, so stellt sich ein imponierender Entwicklungsbogen dar, der sicher nicht bruchlos und stetig verlief, dessen stets klar erkennbare Grundrichtung aber auf die ständige Vertiefung der schon im Frühwerk gefundenen stilistischen Möglichkeiten zielte. Puccini ist in seiner künstlerischen Entwicklung niemals stehengeblieben; er hat sich nie mit der bequemen Wiederholung erprobter Erfolgsrezepte begnügt, sondern seiner Kunst immer neue, tiefere Bereiche zu erschließen versucht. Gerade dies sichert seinen besten Werken ihre unverwüstliche Lebenskraft noch heute. Und wenn Giacomo Puccini auch zweifellos nicht zu jenen Komponisten wie Gustav Mahler, Claude Debussy und Arnold Schönberg gehört, deren Werk den Geist der spätbürgerlichen Epoche gültig und umfassend repräsentiert, so ist doch seine Musik ein unüberhörbarer und wesentlicher Klang in jenem vielstimmigen Konzert, als das sich uns die Musikgeschichte des späten 19. und frühen 20. Jahrhunderts darbietet.

Anhang

ANMERKUNGEN

1 Mit besonderer Vehemenz vertrat diesen Standpunkt der italienische Musikwissenschaftler Fausto Torrefranca in seinem 1912 erschienenen Werk „G. Puccini e l'opera internazionale".

2 J. Kapp, Das Opernbuch, 1922, S. 397.

3 Eine gute, im Biographischen viele bisherige Irrtümer korrigierende Grundlage dazu bildet das Werk von Mosco Carner, Puccini. A Critical Biography, London 1958.

4 Mitgeteilt bei A. Fraccaroli, Giacomo Puccini. Leipzig 1926, S. 28 f.

5 Carner, S. 24 f. (übersetzt aus dem Englischen).

6 Aufschlußreiche Briefe Catalanis über sein Verhältnis zu Puccini teilt Carner S. 31 f. mit.

7 G. Adami, Puccinis Briefe, S. 9.

8 Carner, S. 41 (übersetzt aus dem Englischen).

9 Es ist aufschlußreich, daß der große Anteil, den das Orchester an dieser Szene hat, jenen Italienern, die ihre Vorstellungen von der Oper an den Werken Verdis gebildet hatten, zu sinfonisch erschien. Diese Anschauung klingt deutlich aus dem Brief, den die Sängerin Teresa Stolz am 25. Januar 1885, unmittelbar nach der Mailänder Premiere, über ihre Eindrücke an Verdi schrieb und in dem es über diese Szene heißt: „Dann erscheint der Tenor, um eine lange dramatische Szene zu singen; das Orchester, das sehr beschäftigt ist, verdeckt ständig die Stimme des Tenors. Man sieht ihn den Mund öffnen und gestikulieren, aber nur ab und zu hört man einige Schreie auf den hohen Noten, und das ist alles. Dieses Stück machte keinen Eindruck — wie alle beschreibende Musik, in der der Sänger nicht viel mehr zu tun hat als zu mimen" (mitgeteilt bei Carner, S. 42).

10 G. Verdi, Briefe, hg. von F. Werfel, Berlin 1926, S. 318.

11 Carner, S. 53 (übersetzt aus dem Englischen).

12 Carner teilt beide Briefe in englischer Übersetzung S. 55 f. mit.

13 Carner, S. 57.

14 W. Felsenstein, G. Friedrich, J. Herz, Musiktheater. Beiträge zur Methodik und zu Inszenierungs-Konzeptionen, Leipzig (Reclam) 1970, S. 285.

15 Fraccaroli, S. 87.

16 Ebenda, S. 96 f.

17 G. Adami, Puccinis Briefe, S. 23.

18 Die Bemerkung Hans-Heinrich Reuters in seiner Fontane-Bio-

graphie (Reclam, Leipzig 1969, S. 197) ist wörtlich auf Puccini beziehbar: „Im Gleichnis weiblichen Schicksals — weiblichen Erlebens und Handelns, insbesondere weiblichen Duldens — erschloß Fontane seine Epoche."

19 Ein charakteristisches Stilmerkmal Puccinis ist die harmonische Fortschreitung von der Dominante zur Subdominante zu Beginn.

20 Von nun an wird bei der Besprechung jener Opern Puccinis, die allbekannt sind und über die sich der Leser in jedem Opernführer unterrichten kann, auf eine detaillierte Inhaltsangabe verzichtet. Siehe auch die kurzen Inhaltsangaben im Werkverzeichnis.

21 G. Marotti und F. Pagni, Giacomo Puccini intimo. Florenz 1926.

22 Carner, S. 68 f. (übersetzt aus dem Englischen).

23 G. Adami, Puccinis Briefe, S. 93.

24 Ebenda, S. 61.

25 Ebenda, S. 66.

26 Die von G. Marotti und F. Pagni (vgl. Anm. 21) aufgebrachte und von da in die meisten Biographien übernommene Behauptung, Leoncavallo habe sein Libretto Puccini angeboten, dürfte auf einem Irrtum beruhen.

27 Als bisher einzige Untersuchung, die dem formalen Aufbau der Puccinischen Oper nachgeht, sei hier die Dissertation von W. Maisch, Puccinis musikalische Formgebung, untersucht an der Oper „La Bohème". Neustadt a. d. Aisch, 1934, genannt.

28 Jaime Pahissa, Manuel de Falla, London 1954, S. 123.

29 Ein charakteristisches Beispiel für parallele Akkorde bietet der Anfang des zweiten Bildes der Bohème.

30 Eine Ausnahme stellt die erst später eingefügte sogenannte Mantelarie Collins dar.

31 Carner, S. 94 (übersetzt aus dem Englischen).

32 Ebenda, S. 95 (übersetzt aus dem Englischen).

33 Ebenda, S. 96 (übersetzt aus dem Englischen).

34 Ebenda, S. 99 (übersetzt aus dem Englischen).

35 A. Fraccaroli, Puccini, S. 140 f.

36 Ebenda, S. 139.

37 Carner, S. 107 (übersetzt aus dem Englischen).

38 Ebenda, S. 107 f. (übersetzt aus dem Englischen).

39 Ebenda, S. 111.

40 Es verdient angemerkt zu werden, daß sich Puccini sehr um die Richtigkeit der liturgischen Details sorgte und dafür sogar einen Priester zu Rate zog.

41 Vgl. dazu K. Schlegel, Puccinis „Tosca" 1961 — Zur Inszenierungskonzeption der Kom. Oper, Theater der Zeit 1962, H. 1.

42 Carner, S. 115 (übersetzt aus dem Englischen).

43 W. Winter, The Life of David Belasco, New York 1918, S. 83.

44 Drei interessante Briefe von Puccini und Giacosa zu diesem Problem teilt Carner, S. 125, mit.

45 Carner, S. 134 f. (übersetzt aus dem Englischen).

46 Ebenda, S. 134.

47 Eine Oper nach diesem Roman von André Messager wurde 1896 uraufgeführt.

48 Aus Lotis Roman stammt die Gestalt des Yamadori, aus Longs Novelle die des Onkel Bonze.

49 Diese Kleingliedrigkeit läßt sich zum Beispiel am Schlußduett des ersten Aktes hervorragend beobachten.

50 Carner, S. 140.

51 Dieser Briefwechsel ist veröffentlicht: V. Seligman: Puccini among Friends, London 1938.

52 Carner, S. 141.

53 Ebenda, S. 144.

54 Es gelang Ricordi, Riccardo Zandonai für den Conchita-Stoff zu interessieren. Die Uraufführung dieser Oper an der Mailänder Scala 1907 war recht erfolgreich.

55 Carner, S. 150.

56 Ebenda, S. 153.

57 Ebenda, S. 163.

58 Ebenda, S. 177.

59 Ebenda, S. 182.

60 Ebenda, S. 191.

61 Sie lauten in der Übersetzung von Karl Witte (Leipzig, Reclam Nr. 796—800), S. 115:
    „der andre, der dort hineilt, unternahm
    Buoso Donati fälschend vorzustellen
    und so für ihn letztwillig zu verfügen."

62 Brief vom 20. Januar 1921, mitgeteilt bei Carner, S. 200.

63 Bezeichnend für die Wirkung dieser Stelle ist die erschrockene Bemerkung des bürgerlichen Puccini-Biographen Mosco Carner, Luigi spräche wie ein „really Marxist".

64 Repräsentativ für die damalige italienische Kirchenmusik sind etwa die Werke Lorenzo Perosis.

65 Ein aufschlußreicher Brief dafür an Adami bei Carner, S. 205.

66 Carner, S. 208.

67 Adami, Puccinis Briefe, S. 215 f.

68 Ebenda, S. 215.

69 Ebenda, S. 215.

70 Ebenda, S. XVIII f.

71 Carner, S. 234.

72 Adami, S. 249.

73 Carner, S. 237.

74 Interessant ist, daß das Turandot-Thema weit mehr als das des Scarpia musikalisch variiert und verarbeitet wird.

ZEITTAFEL

1712   26. Januar: Giacomo Puccini, der Ur-Urgroßvater des Komponisten, in Lucca geboren

1747   31. Juli: Antonio Puccini, der Urgroßvater des Komponisten, in Lucca geboren

1771   Domenico Puccini, der Großvater des Komponisten, in Lucca geboren (Datum unbekannt)

1781   3. Februar: Giacomo Puccini gestorben

1813   27. November: Michele Puccini, der Vater des Komponisten, in Lucca geboren

1825   25. Mai: Domenico Puccini gestorben

1830   Michele Puccini wird Organist in Lucca

1832   3. Februar: Antonio Puccini gestorben

1844   Uraufführung der Oper „Giambattista Cattani" von Michele Puccini

1852   Michele Puccini übernimmt die Leitung des Musikinstituts Pacini in Lucca

1858   22. Dezember: Giacomo Puccini geboren

1860   Elvira Bonturi, Puccinis spätere Frau, geboren

1864   18. Februar: Michele Puccini gestorben

1866   Unterricht bei Fortunatus Magi und Carlo Angeloni

1868   Chorknabe an San Martino und San Michele in Lucca

1872   Organistendienst an Kirchen der Umgebung Luccas

1874   erste Kompositionen für Orgel

1876   *Preludio sinfonico*
       Puccini hört Verdis „Aida" in Pisa

1878   Aufführung einer Motette und eines Credo in einem Schülerkonzert des Musikinstituts Pacini

1880   Beginn des Studiums in Mailand bei Amilcare Ponchielli und Antonio Bazzini

1883   Abschluß des Studiums
       14. Juli: Uraufführung des *Capriccio sinfonico* in Mailand
       September bis Dezember: Arbeit an *I Vili*

1884   31. Mai: Uraufführung von *I Vili* im Teatro dal Verme, Mailand
       17. Juli: Tod der Mutter
       Beginn der Lebensgemeinschaft mit Elvira Bonturi
       26. Dezember: Uraufführung der Neufassung von *I Vili* (zwei Akte) im Teatro Regio, Turin

1885   24. Januar: Erstaufführung von *I Vili* in der Mailänder Scala

1886   23. Dezember: Sohn Antonio geboren

1887	5. Februar: Uraufführung von Verdis „Othello" in der Mailänder Scala
1889	21. April: Uraufführung von *Edgar* in der Mailänder Scala
1890	*Crisantemi* für Streichquartett zum Tode Amadeos von Savoyen
	17. Mai: Uraufführung von Mascagnis „Cavalleria rusticana" im Teatro Costanzi, Rom
1892	28. Februar: Uraufführung der Neufassung von *Edgar* (drei Akte) in Ferrara
	17. Mai: Uraufführung von Leoncavallos „Bajazzo" in Mailand, Teatro dal.Verme
	Oktober: Vollendung der *Manon Lescaut*
1893	1. Februar: Uraufführung der *Manon* im Teatro Regio, Turin
	9. Februar: Uraufführung von Verdis „Falstaff" in der Mailänder Scala
	Kauf eines Hauses in Torre del Lago
1895	10. Dezember: Vollendung von *La Bohème*
1896	1. Februar: Uraufführung von *La Bohème* im Teatro Regio, Turin
1897	April: Erstaufführung von *La Bohème* in Rom
	7. Mai: Uraufführung von Leoncavallos „La Bohème" im Teatro Fenice, Venedig
1898	April: Reise nach Paris, Besuch bei Victorien Sardou
	13. Juni: Erstaufführung von *La Bohème* in Paris
1899	Ende September: Vollendung von *Tosca*
1900	14. Januar: Uraufführung von *Tosca* im Teatro Costanzi, Rom
	Sommer: Reise nach London zur englischen Erstaufführung von *Tosca*. Besuch einer Aufführung des Schauspiels „Madame Butterfly" von David Belasco
1903	23. Februar: Autounfall
	27. Dezember: Vollendung der *Madame Butterfly*
1904	17. Februar: Uraufführung von *Madame Butterfly* an der Mailänder Scala
	28. Mai: Uraufführung der Neufassung von *Madame Butterfly* im Teatro Grande Brescia
1905	Sommer: Reise mit Elvira nach Südamerika (Argentinien)
	Oktober: Reise nach London zur englischen Erstaufführung der *Madame Butterfly*
	Beginn der Freundschaft mit Sybil Seligman
1906	2. September: Tod Giacomo Giacosas
	Oktober: Reise nach Paris zur französischen Erstaufführung von *Madame Butterfly*
1907	Januar/Februar: Reise nach New York zur amerikanischen Erstaufführung von *Madame Butterfly* (11. Februar) — Besuch einer Aufführung des Schauspiels „The Girl of the Golden West" von David Belasco
	Juni: Reise nach London

Oktober: Reise nach Wien zur österreichischen Erstaufführung von *Madame Butterfly*

1909   Januar: Puccini trennt sich vorübergehend von Elvira (bis Juli 1910)

1910   6. August: Vollendung von *Das Mädchen aus dem Goldenen Westen*

        November: Reise in die USA mit Sohn Antonio und Tito Ricordi

        10. Dezember: Uraufführung von *Das Mädchen aus dem Goldenen Westen* an der Metropolitan Opera, New York

1911   Mai: europäische Erstaufführung von *Das Mädchen aus dem Goldenen Westen* am Covent Garden Theatre, London

        12. Juni: italienische Erstaufführung von *Das Mädchen aus dem Goldenen Westen* am Teatro Costanzi, Rom

1912   August: Kuraufenthalt in Karlsbad

        November: Reise nach Marseille zur Aufführung von *Das Mädchen aus dem Goldenen Westen* — Besuch bei d'Annunzio

1913   Oktober: Reise nach Wien zur Aufführung von *Das Mädchen aus dem Goldenen Westen*

1914   März: Reise nach Berlin

        Frühjahr: Reise nach Wien zur Aufführung von *Tosca*

        September: Beginn der Arbeit an *La Rondine*

1916   Frühjahr: Vollendung von *La Rondine*

        November: Vollendung von *Der Mantel*

1917   27. März: Uraufführung von *La Rondine* am Theater Monte Carlo

        September: Vollendung von *Schwester Angelica*

1918   20. April: Vollendung von *Gianni Schicchi*

        14. Dezember: Uraufführung des *Triptychon* an der Metropolitan Opera, New York

1919   11. Januar: italienische Erstaufführung des *Triptychon* am Teatro Costanzi, Rom

        Juni: Reise nach London

        Sommer: Kur in Bagni di Lucca

1920   Oktober: Reise zur österreichischen Erstaufführung von *La Rondine* an der Wiener Volksoper

1921   Mitte Juni: Beginn der Arbeit an *Turandot*

1922   Sommer: Übersiedlung nach Viareggio

        August: Autoreise durch die Schweiz, Deutschland und Holland

1923   Februar: Festaufführung von *Manon Lescaut* unter Arturo Toscanini an der Mailänder Scala

        Autoreise mit Sohn Antonio nach Wien zur Festaufführung von *Manon Lescaut*

        Mai: Reise nach Florenz zur Aufführung von Schönbergs „Pierrot lunaire"

1924	Februar: erste Anzeichen der tödlichen Krankheit
	4. November: Reise nach Brüssel; Aufnahme in die Klinik des Dr. Ledoux
	29. November: Puccini gestorben
	3. Dezember: Trauerfeier in Mailand
1925	25. April: Uraufführung von *Turandot* an der Mailänder Scala

WERKVERZEICHNIS
mit Handlungsangaben zu den Opern

OPERN

I Vili (Die Willis) — Oper in einem Akt — Text: Ferdinando Fontana
Uraufführung: 31. Mai 1884, Teatro dal Verme, Mailand
Neufassung in zwei Akten — Uraufführung: 26. Dezember 1884, Teatro Regio, Turin
Handlung: In einem Schwarzwälder Dorfe wird die Hochzeit eines jungen Bauernpaares — Roberts und Annas — gefeiert. Nach der Trauung verabschiedet sich Robert von seiner jungen Frau, um nach Mainz zu reisen, wo er eine große Erbschaft in Empfang nehmen soll. — Als Anna erfährt, daß Robert in Mainz eine Dirne zu seiner Geliebten gemacht hat, stirbt sie aus Gram in den Armen ihres Vaters. — Von Reue gequält kehrt Robert schließlich in sein Heimatdorf zurück. Hier erscheint ihm sühnefordernd Annas Geist. Irrlichter und Geister von Verstorbenen — die „Willis" — bedrängen ihn und zwingen ihn zu tanzen, bis er tot zusammenbricht.

Edgar — Oper in vier Akten nach Alfred de Mussets „La Coupe et les Lèvres" — Text: Ferdinando Fontana
Uraufführung: 21. April 1889, Teatro alla Scala, Mailand
Neufassung in drei Akten — Uraufführung: 28. Februar 1892, Ferrara
Handlung: Der flämische Bauernsohn Edgar liebt Fidelia, ein Mädchen aus seinem Dorfe. Trotzdem weiß ihn die leichtfertige Zigeunerin Tigrana so in ihren Bann zu ziehen, daß er, von der Sehnsucht nach Reichtum und Abenteuern getrieben, sein Heimatdorf und Fidelia verläßt. Bald jedoch kommen ihm Gewissensbisse; er geht unter die Soldaten und erwirbt sich durch seine Tapferkeit Ruhm. Dennoch bleibt er unbefriedigt und innerlich zerrissen. Er stellt sich tot und nimmt, als Mönch verkleidet, an seinem eigenen Leichenbegängnis teil. Dabei muß er hören, daß ihm die Soldaten Verwünschungen nachrufen. — Getrieben von Sehnsucht nach Fidelia, die ihn trotz seiner Untreue noch liebt, kehrt Edgar in die Heimat zurück. Doch die eifersüchtige Tigrana folgt ihm auf dem Fuße. Als Edgar Fidelias Zimmer betritt, stürzt die Zigeunerin auf Fidelia zu und erdolcht sie. Edgar bricht über der Leiche zusammen, und Tigrana wird von Soldaten abgeführt.

Manon Lescaut — Oper in vier Akten nach dem Roman „L'Histoire du Chevalier Des Grieux et de Manon Lescaut" von Abbé Antoine-François Prevost — Text: Marco Praga, Domenico Oliva, Luigi Illica und Giacomo Giacosa
Uraufführung: 1. Februar 1893, Teatro Regio, Turin
Handlung: Die junge, schöne Manon Lescaut soll von ihrem Bruder in ein Kloster gebracht werden. In Amiens, wo sie zu kurzer Rast mit der Postkutsche eintrifft, macht sie dem Studenten Des Grieux tiefen Eindruck. Als er von seinem Freund Edmond erfährt, daß der reiche Pariser Steuerpächter Gèronte, der zusammen mit Manon angekommen ist, sie entführen will, beschließt er sofort, ihm zuvorzukommen. Es gelingt ihm rasch, Manon zur Flucht zu überreden. — In Paris hat Manon auf Zureden ihres Bruders Des Grieux verlassen, als dessen Geld zu Ende ging. Sie lebt nun bei Gèronte in Luxus und Langeweile, vermag aber Des Grieux nicht zu vergessen. Als dieser plötzlich zu ihr kommt, bricht ihre Leidenschaft wieder stürmisch hervor. Gèronte überrascht beide und alarmiert die Wache; Manon wird verhaftet, weil sie Schmuck bei sich trägt, der Gèronte gehört. — Manon soll in eine Strafkolonie gebracht werden. Im Hafen von Le Havre versucht ihr Bruder vergeblich, sie mit Hilfe einiger bestochener Soldaten noch kurz vor der Einschiffung zu befreien. Des Grieux erfleht vom Kapitän des Schiffes die Erlaubnis, Manon nach Amerika zu begleiten. — In Amerika gelingt Manon und Des Grieux die Flucht. Tagelang wandern beide durch die Wüste. Aber Manon ist am Ende ihrer Kräfte. Sie stirbt in den Armen des Geliebten.

La Bohème — Oper in vier Bildern nach Henri Murgers Roman „Vie de Bohème" — Text: Luigi Illica und Giacomo Giacosa
Uraufführung: 1. Februar 1896, Teatro Regio, Turin
Handlung: In einer dürftigen Dachkammer inmitten von Paris leben vier junge Künstler: der Dichter Rudolf, der Maler Marcel, der Musiker Schaunard und der Philosoph Collin. Hungernd und frierend fristen sie mühsam ihr Dasein. Am Weihnachtsabend verheizt Rudolf das Manuskript eines Dramas, um etwas Wärme zu haben. Da Schaunard Geld verdient hat, beschließen die Freunde, das Café „Momus" im Quartier latin zu besuchen. Nur Rudolf bleibt noch zurück, um zuvor eine Arbeit zu beenden. Plötzlich klopft Mimi, eine junge Stickerin aus der Nachbarschaft, an der Tür und bittet um Licht, da ihres verlosch. Nachdem beide von ihrem Leben erzählt haben, entbrennt zwischen ihnen eine innige Liebe. Mimi begleitet Rudolf in das Café „Momus". — Hier herrscht am Weihnachtsabend toller Trubel. Musette, die frühere Geliebte Marcels, kommt mit ihrem neuen Liebhaber Alcindor. Sie sehnt sich nach Marcel zurück und versöhnt sich mit ihm. Alcindor wird von ihr weggeschickt, um Schuhe zu kaufen; danach verschwindet sie mit den Freunden. Dem zurückkommenden Alcindor präsentiert der Wirt die Rechnung. — Marcel

und Musette hausen in einer kleinen Kneipe am Stadtrand von Paris. An einem kalten Wintermorgen kommt Mimi zu ihnen heraus und klagt Marcel, daß Rudolf sie aus Eifersucht verlassen habe. Sie verbirgt sich, als Rudolf selbst erscheint, und hört so dessen Gespräch mit Marcel mit an. Rudolf nennt den wahren Grund für seinen Entschluß: die tödliche Lungenkrankheit Mimis, für deren Heilung er nichts tun kann. Mimi will nun den Geliebten von sich aus verlassen; beide nehmen voneinander Abschied. Auch Marcel und Musette entzweien sich erneut. — In der alten Dachkammer suchen Marcel und Rudolf vergeblich ihre Geliebten zu vergessen. Als Schaunard und Collin mit einem Hering und Brot erscheinen, bricht eine ausgelassene Stimmung aus. Sie wird jedoch jäh unterbrochen, als Musette die todkranke Mimi hereinführt, die Rudolf noch einmal sehen möchte. Alle bemühen sich um sie: Musette opfert ihren Schmuck und Collin seinen Mantel, um ihr Medizin und einen Muff kaufen zu können. Aber alles ist vergeblich. Mimi stirbt in der Erinnerung an ihr einstiges Glück mit Rudolf.

Tosca — Oper in drei Akten nach dem gleichnamigen Schauspiel von Victorien Sardou — Text: Luigi Illica und Giacomo Giacosa
Uraufführung: 14. Januar 1900, Teatro Costanzi, Rom
Handlung: Angelotti, der Konsul der ehemaligen Republik von Rom, ist aus dem Kerker der Engelsburg entflohen. Er verbirgt sich in einer Kirche, wo seine Schwester, die Marchesa Attavanti, Frauenkleider für ihn verborgen hat. Er trifft auf seinen Freund, den Maler Cavaradossi, der in dieser Kirche ein Bild der heiligen Magdalena malt und sofort bereit ist, bei der Flucht zu helfen. Da Cavaradossis Geliebte, die Sängerin Tosca, erscheint, muß sich Angelotti nochmals verbergen. Tosca ist eifersüchtig, weil die von Cavaradossi gemalte Magdalena der Marchesa Attavanti ähnlich sieht, doch der Maler weiß sie zu besänftigen. Als sie gegangen ist, eilen die beiden Freunde nach dem Garten Cavaradossis, wo sich Angelotti verbergen soll. Ein Kanonenschuß zeigt an, daß die Flucht bereits entdeckt wurde. In der Kirche wird ein großes Tedeum zur Feier des Sieges über Napoleon zelebriert. Unter der Menge, die in die Kirche strömt, ist auch der Polizeichef Scarpia, der nach dem Flüchtling fahndet. Er findet einen Fächer der Attavanti und versucht, mit ihm Tosca eifersüchtig zu machen, um von ihr das Versteck Angelottis zu erfahren. — Im Palast Scarpias wird dem Polizeichef von seinen Agenten berichtet, daß Angelotti noch nicht aufgespürt werden konnte, daß sich aber Cavaradossi verdächtig gemacht habe und festgenommen wurde. Der Maler leugnet, von der Flucht zu wissen, und beschwört Tosca, die von Scarpia in den Palast geladen wurde, ebenfalls standhaft zu bleiben. Während Cavaradossi im Nebenraum gefoltert wird, wirbt Scarpia um Toscas Liebe. Unter dem Eindruck der Schmerzensschreie ihres Geliebten verrät sie schließlich das Versteck. Cavaradossi wird

zum Tode verurteilt. Scarpia ist jedoch bereit, ihn nur zum Scheine erschießen zu lassen, falls sich Tosca ihm hingibt. Sie willigt ein, aber als Scarpia sie umarmen will, ersticht sie ihn. — Auf einer Plattform der Engelsburg schreibt Cavaradossi im Morgengrauen den Abschiedsbrief an die Geliebte. Tosca bringt ihm jedoch die Nachricht von seiner Befreiung. Gemeinsam träumen sie von einer glücklichen Zukunft. Die Hinrichtung wird vollzogen, und Cavaradossi bricht tot zusammen. Verzweifelt erkennt Tosca, daß Scarpia sie getäuscht hat. Um den Häschern zu entgehen, stürzt sie sich von der Engelsburg in die Tiefe.

Madame Butterfly — Oper in drei Akten nach dem gleichnamigen Schauspiel von David Belasco (dieses nach einer Novelle von John Luther Long) — Text: Luigi Illica und Giacomo Giacosa
Uraufführung: 17. Februar 1904, Teatro alla Scala, Mailand
Neufassung — Uraufführung: 28. Mai 1904, Brescia
Handlung: Der amerikanische Seeoffizier Pinkerton hat in Nagasaki ein Häuschen gekauft und will sich mit der ehemaligen Geisha Cho-Cho-San „auf Zeit" trauen lassen. Umsonst warnt ihn der Konsul Sharpless vor der echten, tiefen Liebe Cho-Cho-Sans, die seinetwegen heimlich Christin geworden ist. Nach der Trauung erscheint ihr Onkel Bonze und verflucht sie wegen ihres Abfalls vom alten Glauben. Pinkerton tröstet die Verängstigte und führt sie ins Haus. — Drei Jahre sind vergangen: sehnsuchtsvoll wartet Cho-Cho-San auf Pinkerton, der sie seitdem ohne Nachricht gelassen hat, an dessen Treue und Rückkehr sie aber fest glaubt. Deshalb weist sie auch alle Werbungen des reichen Fürsten Yamadori zurück. Sharpless bringt es nicht über sich, ihr die Wahrheit zu sagen: daß Pinkerton inzwischen eine Amerikanerin geheiratet hat und mit ihr nach Nagasaki kommen will. Sie zeigt ihm ihr Kind, von dem Pinkerton noch nichts weiß. Ein Kanonenschuß verkündet die Ankunft eines Kriegsschiffes. Überglücklich schmückt Cho-Cho-San mit ihrer Dienerin Suzuki das Haus und erwartet Pinkerton. — Am nächsten Morgen kommen Sharpless und Pinkerton. Von ihnen erfährt Suzuki, daß Pinkerton das Kind mit nach Amerika nehmen möchte. Als Cho-Cho-San die Amerikanerin, Pinkertons Gattin, vor dem Hause sieht, begreift sie sofort, was geschehen ist. Sie nimmt von ihrem Kinde Abschied und tötet sich durch Harakiri.

La fanciulla del West (Das Mädchen aus dem Goldenen Westen) — Oper in drei Akten nach einem Drama von David Belasco — Text: Guelfo Civinini und Carlo Zingarini
Uraufführung: 10. Dezember 1910, Metropolitan Opera, New York
Handlung: In einem kalifornischen Goldgräberlager lebt Minnie als Wirtin einer Schenke. Sie wird von den Goldgräbern verehrt und ist allen ein guter Freund. Jeden weist sie zurück, der glaubt, sie allein für sich beanspruchen zu können, auch den Sheriff Jack Rance. Der

ankommende Postillon warnt die in Minnies Schenke versammelten Goldgräber vor dem Banditenführer Ramerrez. Wenig später betritt ein Unbekannter die Schenke, der sich Johnson nennt. Minnie ist ihm schon früher einmal begegnet und erinnert sich seiner. Sie tanzt mit ihm und weckt so die Eifersucht Rances. Als sich die Goldgräber unter Führung des Sheriffs aufmachen, um das Versteck des Ramerrez zu suchen, bleiben Minnie und Johnson allein zurück. Minnie ahnt ebensowenig wie die Goldgräber, daß Johnson der Gesuchte ist. Sie lädt ihn in ihr kleines Haus ein. — In Minnies Haus finden Johnson und Minnie zueinander. Ihr Zusammensein wird jäh unterbrochen durch das Klopfen der Goldgräber, die Minnie verraten, wer Johnson in Wirklichkeit ist. Rance erzählt ihr höhnisch von Johnsons Verhältnis zu einer Dirne. Minnie weist nun Johnson, der sich während des Auftritts der Goldgräber verborgen hatte, hinaus. Er gerät in einen Kampf mit den Goldgräbern und wird verwundet, doch gelingt ihm die Flucht zu Minnies Haus. Da sie ihn trotz aller Enttäuschung noch immer liebt, verbirgt sie den Hilflosen auf dem Dachboden. Der Sheriff Rance sucht den Verfolgten bei Minnie; ein herabfallender Blutstropfen verrät das Versteck. Minnie pokert mit Rance um das Leben ihres Geliebten und vermag ihn so zunächst vor den Verfolgungen zu schützen. — Im kalifornischen Urwald wird Johnson von Rance und den Goldgräbern schließlich doch gestellt. Er soll gelyncht werden, zuvor jedoch bittet er die Goldgräber, Minnie nichts von seinem schmachvollen Tode erfahren zu lassen. Da erscheint sie plötzlich selbst. Sie erinnert die Männer an ihr gemeinsames Leben, an die Not, die sie mit ihnen ertrug, und bittet um Gnade für den Geliebten. Sie wird gewährt: Johnson darf mit Minnie einer besseren Zukunft entgegenziehen.

La Rondine (Die Schwalbe) — Oper in drei Akten — Text: Giuseppe Adami
Uraufführung: 27. März 1917, Monte Carlo
Handlung: Im Pariser Salon von Magda de Civry, der Geliebten des reichen Bankiers Rambaldo, verkündet der Dichter Prunier, daß die „romantische Liebe" in Paris wieder Mode geworden sei und wie eine Seuche grassiere. Dies veranlaßt Magda, ihren Freunden von einer Begegnung mit einem jungen Studenten im Restaurant „Chez Bullier" zu erzählen. Prunier, der sich mit Handlesekunst beschäftigt, prophezeit ihr, daß sie wie eine Schwalbe an das Meer fliegen werde, doch weigert er sich trotz ihres Bittens, mehr zu sagen. Ein neuer Gast, Ruggero Lastouc, betritt den Salon. Er ist der Sohn eines Freundes von Rambaldo und hält sich zum erstenmal in Paris auf. Auf Anregung von Lisette, Magdas Stubenmädchen, beschließt er, den Abend im „Chez Bullier" zu verbringen. Die Erwähnung dieses Lokals bringt auch Magda auf den Gedanken, dieses Ballhaus noch einmal zu besuchen. — In einem Kleid ihres Stubenmädchens erscheint Magda im

Restaurant „Chez Bullier". Als Studenten sie zum Tanz auffordern wollen, erfindet sie eine Verabredung und setzt sich an den Tisch eines Fremden. Es ist Ruggero, den sie in ihrem Salon kaum beachtet hatte. Beide finden rasch Gefallen aneinander und gestehen sich schließlich ihre Liebe. Magdas Sehnsucht nach einem Roman ist in Erfüllung gegangen. — In einer kleinen Villa am Mittelmeer haben Magda und Ruggero einige Monate ungestörten Glücks genossen. Ruggero möchte Magda heiraten und hat deshalb an seine Familie geschrieben. Er liest Magda den Antwortbrief seiner Mutter vor. Aber sie erklärt ihm, daß ihre Vergangenheit ihr nicht erlaube, seine Frau zu werden. Sie verläßt ihn und kehrt zu Rambaldo zurück.

Il Trittico (Das Triptychon) — drei Einakter
Uraufführung: 14. Dezember 1918, Metropolitan Opera, New York
Il Tabarro (Der Mantel) — Oper in einem Akt nach der Novelle „La Houppelande" von Didier Gold — Text: Giuseppe Adami
Handlung: Der Schleppkahn des Schiffers Marcel liegt am Ufer der Seine. Die drei Löscher Henri, „Stockfisch" und „Maulwurf" haben ihre schwere Arbeit getan und werden von Georgette, der jungen Frau des Schiffers, mit einem Becher Wein belohnt. Zur Musik einer verstimmten Drehorgel tanzen Georgette und Henri einen Walzer. Beide fühlen sich zueinander hingezogen, und Georgette sucht bei Henri die Erfüllung einer Liebe, die sie bei ihrem alternden Mann trotz seiner Güte nicht finden kann. Bevor Henri mit den anderen Löschern weggeht, verspricht er Georgette, am Abend heimlich wiederzukommen. Mit einem aufflammenden Streichholz soll sie ihm ein Zeichen geben. Marcel erinnert sich in der Abenddämmerung voll Wehmut an die einstige Liebe Georgettes und an ihr verstorbenes Kind. Als er sich eine Pfeife anzündet, betritt Henri leise das Schiff. Marcel packt ihn und zwingt ihn, sein Verhältnis zu Georgette einzugestehen. In sinnloser Wut erwürgt ihn Marcel und verbirgt die Leiche unter seinem Mantel. Als Georgette ängstlich herbeieilt, schlägt Marcel den Mantel auf und zeigt ihr die Leiche des Geliebten.
Suor Angelica (Schwester Angelica) — Oper in einem Akt — Text: Giovacchino Forzano
Handlung: In der strengen Abgeschiedenheit eines Klosters lebt seit sieben Jahren die Nonne Angelica. Sie wurde von ihrer Familie verbannt, nachdem sie einem Kind das Leben geschenkt hatte. Seitdem hat sie nichts mehr von ihrer Familie und dem Kind gehört. Als plötzlich die Fürstin, ihre Tante, ins Kloster kommt, ist Angelicas erste Frage, ob ihr Kind noch lebe. Die kalte und stolze Fürstin sagt ihr, es sei tot. Verzweifelt bricht Angelica zusammen. In der Nacht bereitet sie sich ein Gift. Sterbend bittet sie die Mutter Gottes um ein Zeichen der Gnade. Es wird ihr gewährt: In einer Vision kommt ihr geliebtes Kind auf sie zu. Angelica stirbt.
Gianni Schicchi — komische Oper in einem Akt nach einer Episode aus

Dantes „Göttlicher Komödie" (Inferno) — Text: Giovacchino Forzano
Handlung: Der reiche Buoso Donati ist gestorben. Trauer heuchelnd
versammeln sich seine habgierigen Verwandten um das Sterbebett. Als
das Gerücht laut wird, Buoso habe sein gesamtes Vermögen einem
Kloster vermacht, suchen sie aufgeregt nach dem Testament. Es
bestätigt die furchtbare Vermutung: Keiner der Verwandten wurde
in ihm bedacht. In ihrer Not bitten die Verwandten den schlauen
Gianni Schicchi um Hilfe. Aber es bedarf erst der eindringlichen Bitte
seiner Tochter Lauretta, ehe er sich bereit findet. Diese nämlich liebt
Rinuccio, einen Neffen des Buoso, und beide können nur heiraten,
wenn sie einen Teil des Vermögens bekommen. Da in Florenz noch
niemand vom Tode des alten Buoso weiß, will sich Gianni Schicchi
als Buoso verkleiden und ein neues Testament aufsetzen. Vorher aber
läßt er sich von den Verwandten völlige Verschwiegenheit geloben, da
auf Testamentsfälschung eine hohe Strafe steht. Ein Notar wird
geholt, und der verkleidet im Bett liegende Gianni Schicchi diktiert
ihm ein Testament, in dem zwar den Verwandten ein geringer Teil
vermacht wird, der weitaus größte aber dem „lieben Freund Gianni
Schicchi" zufallen soll. Als die maßlos erzürnten Verwandten, nachdem der Notar gegangen ist, über Gianni Schicchi herfallen wollen,
wirft er sie aus dem Haus, das nunmehr ihm gehört. Nur das glückliche, endlich vereinigte Liebespaar Lauretta und Rinuccio bleibt
zurück.

Turandot — Oper in drei Akten (fünf Bildern) nach einem Schauspiel
von Carlo Gozzi — Text: Giuseppe Adami und Renato Simoni
Uraufführung: 25. April 1925, Teatro alla Scala, Mailand
Handlung: Vor dem Kaiserpalast in Peking verkündet ein Mandarin,
daß jeder Bewerber um Prinzessin Turandot dem Beil des Henkers
verfallen sei, falls er nicht die drei Rätsel löst, die sie ihm aufgibt. Schon
viele Opfer hat Turandots Grausamkeit gefordert, und eben wird
im anbrechenden Mondschein der Prinz von Persien zum Tode geführt.
Unbarmherzig gibt Turandot vom Fenster des Palastes das Zeichen
zur Hinrichtung. Unter der Menge, die vor dem Palast zusammen-
geströmt ist, befindet sich auch der entthronte Tatarenkönig Timur
mit der jungen Sklavin Liù. Er begegnet nach langer Trennung seinem
Sohn, dem Prinzen Kalaf. Dieser ist so geblendet von der Schönheit
Turandots, daß er allen Warnungen zum Trotz um sie werben will.
— Die drei Minister Ping, Pang und Pong beraten in einem Pavillon
miteinander, wie der Mordlust der Prinzessin Einhalt geboten werden
könnte. Sie bitten den großen Himmelsmarschall, China endlich
wieder zur Ruhe kommen zu lassen. — Auf dem Schloßplatz vor dem
versammelten Volk stellt Turandot dem Prinzen die drei Rätselfragen,
die er mit den Worten „Hoffnung", „Blut" und „Turandot" alle
beantwortet. Die Prinzessin ist verzweifelt und bittet vergeblich ihren

Vater, den Kaiser Altoum, die Satzung diesmal nicht gelten zu lassen. Da gibt ihr Kalaf selbst ein Rätsel auf: weiß sie bis zum folgenden Morgen seinen Namen, so will er besiegt sein und sterben. — Im Schloßgarten versuchen die drei Minister, dem Prinzen seinen Namen zu entlocken. Dann werden Timur und Liù herbeigeschleppt, die im Gespräch mit Kalaf gesehen wurden. Aber trotz aller Mißhandlungen geben beide den Namen nicht preis. Liùs Liebe zu Kalaf gibt ihr die Kraft, eher zu sterben, als ihn zu verraten. Sie ersticht sich, um nicht dem Henker zu verfallen. Erschüttert durch ihren Tod verläuft sich die Menge. Allein geblieben mit Turandot reißt Kalaf sie an sich und küßt sie. Damit ist ihr Widerstand und ihre unmenschliche Härte gebrochen: zum erstenmal kann sie weinen. Kalaf aber nennt ihr jetzt selbst seinen Namen und gibt sich damit in ihre Hand. — Vor dem Kaiserpalast verkündet Turandot ihrem Vater und dem Volk den Namen des Prinzen: er heißt „Gemahl". Das jubelnde Volk stimmt die alte Kaiserhymne an.

ORCHESTERWERKE

Preludio sinfonico	1876
Capriccio sinfonico	Uraufführung: 14. Juli 1883, Mailand
Scozza elettrice (Marsch)	1896

KAMMERMUSIK- UND KLAVIERWERKE

Scherzo für Streichquartett	1880—1883
Streichquartett D-Dur	1880—1883
Fugen für Streichquartett	1882/83
Zwei Menuette für Streichquartett	1890
Crisantemi für Streichquartett	1890
Zwei Klavierstücke (Albumblatt, Kleine Fuge)	1910?

KIRCHENMUSIK

Messe für vier Stimmen und Orchester, As-Dur	1880
Salve del ciel regina für Sopran und Harmonium	vor 1880
Requiem für gemischten Chor und Orgel	1905

CHORWERKE

I Figli d'Italia bella — Kantate   1877
Hymne an Diana (Salvatori) für Chor und Klavier   1897
Avanti, Urania (Fuccini) für Chor und Klavier   1899
Hymne auf Rom (Salvatori) für Chor und Klavier   1919

mehrere Lieder für Gesang und Klavier   1881—1899

LITERATURHINWEISE

Adami, Giuseppe: Puccini. Mailand 1935.

Carner, Mosco: Puccini. A Critical Biography. London 1958.

Fellerer, Karl Gustav: Giacomo Puccini. Potsdam 1937.

Fraccaroli, Arnaldo: La vita di Giacomo Puccini. Mailand 1957, deutsch Leipzig 1926.

Maisch, Walter: Puccinis musikalische Formgebung, untersucht an der Oper „La Bohème". Diss. Erlangen 1934.

Marotti, Guido, und *Pagni,* Francesco: Giacomo Puccini intimo. Florenz 1926.

Puccini. Ein Musikerleben mit 240 eigenen Briefen, hg. v. Giuseppe Adami. Berlin o. J.

Seifert, Wolfgang: Giacomo Puccini. Leipzig 1957 (Musikbücherei für Jedermann, Nr. 14).

Seligman, Sybil: Puccini among Friends. London 1938.

Specht, Richard: Giacomo Puccini. Berlin 1931.

Torrefranca, Fausto: Giacomo Puccini e l'opera internazionale. Turin 1912.

Felsenstein, Walter, *Friedrich,* Götz, *Herz,* Joachim, Musiktheater. Beiträge zur Methodik und zu Inszenierungs-Konzeptionen, Leipzig (Reclam) 1970.

Schlegel, Klaus: Puccinis „Tosca" 1961 — Zur Inszenierungs-Konzeption der Komischen Oper. Theater der Zeit 1962, Heft 1.

PERSONENREGISTER

Adami, Giuseppe (1878—1946): italienischer Journalist und Schriftsteller, Freund und Librettist Puccinis (La Rondine, Il Tabarro, Turandot). 141, 144, 146—148, 152, 157, 170, 174—176, 178, 181

Alfano, Franco (1876—1954): italienischer Komponist. 184

Amadeo von Savoyen (Lebensdaten unbekannt). 35

Amato, Pasquale (1878—1942): italienischer Sänger. 134

Angeloni, Carlo (1834—1901): italienischer Komponist, besonders von Kirchenmusik. 10,12

d'Annunzio, Gabriele (1863—1938): italienischer Dichter und Politiker. 38, 103f., 124, 142f.

Antinori, Piero (Lebensdaten unbekannt). 126

Arrivabene, Graf Opprandino (1805—1887): italienischer Schriftsteller und Journalist, Freund Giuseppe Verdis. 27

Balzac, Honoré de (1799—1850): französischer realistischer Schriftsteller. 102

Barrière, Theodore (1823—1877): französischer Dramatiker. 62

Bates, Blanche (Lebensdaten unbekannt). 126

Bazzini, Antonio (1818—1897): italienischer Komponist und Violinvirtuose, Lehrer Puccinis. 16, 56

Beerbohm-Tree, Herbert (1853—1917): englischer Schriftsteller und Theaterdirektor. 171

Belasco, David (1853—1879): amerikanischer Bühnenschriftsteller. 104f., 111—113, 126, 128f., 135f.

Bellini, Vincenzo (1801—1835): italienischer Opernkomponist. 12

Bernhardt, Sarah (1844—1923): französische Schauspielerin. 78

Berta, E. A. (Lebensdaten unbekannt): Kritiker der „Gazetta del Popolo". 44

Berté, Heinrich (1857—1924): Wiener Komponist. 145f.

Bizet, Georges (1838—1875): französischer Komponist. 26, 32

Blackmore, Richard Doddridge (1825—1900): englischer Romanschriftsteller. 141

Boito, Arrigo (1842—1918): italienischer Opernkomponist und Librettist Giuseppe Verdis (Othello, Falstaff). 22

Bonturi, Elvira (1860—1934): Puccinis Gattin. 29, 106, 122, 127, 131—133, 135, 168, 183f.

Bülow, Hans Guido von (1830—1894): deutscher Dirigent und Pianist. 58

Loti, Pierre (1850—1923): französischer Schriftsteller. 110—112

Louys, Pierre (1870—1925): französischer Schriftsteller. 125

Lucca, Francesco (1802—1872): italienischer Musikverleger. 19

Maeterlinck, Maurice (1862—1949): flämisch-französischer Dichter, Hauptvertreter des Symbolismus. 78, 102, 141

Magi, Fortunato (Lebensdaten unbekannt). 9 f.

Mahler, Gustav (1860—1911): österreichischer Komponist und Dirigent. 129, 202

Manfredi, Doria (gest. 1909): Hausangestellte Puccinis. 131

Marcello, Benedetto (1686—1739): italienischer Instrumentalkomponist. 56

Margherita von Savoyen (1851—1926): italienische Königin. 14, 88

Marotti, Guido (Lebensdaten unbekannt). 57

Martini, Padre Giambattista (1706—1784): italienischer Musiktheoretiker. 7, 144

Mascagni, Pietro (1863—1945): italienischer Opernkomponist, Vertreter des Verismo. 17, 27, 37, 58

Massenet, Jules (1842—1912): französischer Opernkomponist. 39, 41—43, 48, 50, 78, 200

Mercadante, Saverio (1795—1870): italienischer Opernkomponist. 8

Merimée, Prosper (1803—1870): französischer Novellist. 125

Metternich, Klement Lothar Fürst von (1773—1859): österreichischer Kanzler, führend während des Wiener Kongresses, Haupt der „Restauration". 36

Molnár, Ferenc (1878—1952): ungarischer Bühnenschriftsteller. 141

Mozart, Wolfgang Amadeus (1756—1791). 7

Mugnone, Leopoldo (1858—1941): italienischer Komponist, Dirigent und Opernintendant. 85 f.

Murger, Henri (1822—1861): französischer Schriftsteller. 57 f., 62 f.

Mussolini, Benito (1883—1945): Führer der italienischen Faschisten. 168 f.

Musset, Alfred de (1810—1857): französischer Dichter. 32

Napoleon Bonaparte (1769—1821): zuerst Konsul, dann ab 1804 französischer Kaiser. 90, 96

Nietzsche, Friedrich (1844—1900): deutscher Philosoph der imperialistischen Ära. 38

Oliva, Domenico (1860—1917): italienischer Dichter und Journalist. 42, 44

Pagni, Ferruccio (Lebensdaten unbekannt). 57

Paisiello, Giovanni (1740—1816): italienischer Opernkomponist. 7

Pallavicini, Gräfin (Lebensdaten unbekannt). 14

Pantaleoni, Romilda (Lebensdaten unbekannt): italienische Sängerin. 30

225

BILDNACHWEIS

Verlagsarchiv
Werner Pinkert, Leipzig
Jürgen Simon, Berlin
Komische Oper Berlin

INHALT

TASCHENBÜCHER ZUR MUSIKWISSENSCHAFT
Herausgegeben von Richard Schaal

Auswahl: Werke zur Biographie von Komponisten

Band 12
Egon Voss: *Richard Wagner und die Instrumentalmusik.* Wagners symphonischer Ehrgeiz. 206 Seiten mit Notenbeispielen, kart. ISBN 3-7959-*0089*-1

Band 16
Uwe Kraemer: *Komponisten über Komponisten.* Ein Quellen-Lesebuch. 2. Auflage. 224 Seiten, kart. ISBN 3-7959-*0082*-4

Band 17
Wolfgang Marggraf: *Giacomo Puccini.* Illustrierte Biographie. 240 Seiten mit 79 Abbildungen und 54 Notenbeispielen, kart. ISBN 3-7959-*0269*-X

Band 18
André-Ernest-Modest Grétry: *Memoiren* oder Essays über die Musik. Herausgegeben von Peter Gülke. 504 Seiten mit Notenbeispielen, kart. ISBN 3-7959-*0247*-9

Band 23
Carl Maria von Weber: *Kunstansichten.* Ausgewählte Schriften. Herausgegeben von Karl Laux. 324 Seiten mit Notenbeispielen, kart. ISBN 3-7959-*0248*-7

Band 32
Georg Friedrich Händel. Beiträge zu seiner Biographie aus dem 18. Jahrhundert. Herausgegeben von W. Siegmund-Schultze. 310 Seiten, kart. ISBN 3-7959-*0268*-1

HEINRICHSHOFEN'S VERLAG · D-2940 Wilhelmshaven

TASCHENBÜCHER ZUR MUSIKWISSENSCHAFT
Herausgegeben von Richard Schaal

Band 47
: *Das Mannheimer Mozartbuch.* Zum 26. deutschen
Mozartfest, Mannheim 1977. Herausgegeben von Roland
Würtz. 308 Seiten mit 78 Abbildungen, kart.
ISBN 3-7959-*0238*-X

Band 49
: Helmut Schmidt-Garre: *Von Shakespeare bis Brecht.*
Dichter und ihre Beziehungen zur Musik. 284 Seiten,
kart. ISBN 3-7959-*0261*-4

Band 50
: Walter Kolneder: *Antonio Vivaldi.* Dokumente seines
Lebens und Schaffens. 212 Seiten mit zahlreichen
Abbildungen und Notenbeispielen, kart.
ISBN 3-7959-*0273*-8

Band 53
: Camille Saint-Saën: *Musikalische Reminiszenzen.*
240 Seiten, kart. ISBN 3-7959-*0274*-6

Band 54 + 55
: Hector Berlioz: *Memoiren.* Gesamtausgabe. Zusammen
604 Seiten, kart. ISBN 3-7959-*0276*-2

Die Sammlung TASCHENBÜCHER ZUR MUSIKWISSEN-
SCHAFT wird laufend um wichtige Werke erweitert. Bitte
forden Sie ein neues Gesamtverzeichnis an.

HEINRICHSHOFEN'S VERLAG · D-2940 Wilhelmshaven